Wegen der Gegend

Literarische Reisen
durch Kärnten

Wegen der Gegend

Herausgegeben von Barbara Higgs
und Wolfgang Straub

Fotos von Jo Pesendorfer

Eichborn.

Wir danken:
Elke Basler, Fabjan Hafner, Tina Leisch, Getraud und Rainer Straub
Schubert & Franzke
Kärnten Werbung
Amt der Kärntner Landesregierung, Kulturabteilung

Inhalt

Vorwort

Herzogin: Wie? Gehen wir nach Kärnten nicht zurück?
Wallenstein: Nein.
Friedrich Schiller

Kärnten, Österreichs südlichstes und sonnigstes Bundesland, gilt mit seinen 1200 Seen als *das* Land der heiteren Sommerfrische. Das Wasser in den Seen und Flüssen ist so rein, als käme es aus einem Trinkwasserfaß, und so erhielt Kärnten für sein ökologisches Engagement 1990 einen der bedeutendsten Umweltpreise, den »Tourism for Tomorrow Award«. Die Seen mit ihren prachtvollen Villen und Hotels an den Uferpromenaden sind seit Beginn des vorigen Jahrhunderts ein Anziehungs- und Treffpunkt für Künstler, Prominenz, Wirtschaftsgrößen und Politiker. Sie alle eint wohl jeden Sommer wieder die pure Lust am Wasser, die der 1880 in Klagenfurt geborene Robert Musil in einem Brief aus Velden am Wörthersee so beschreibt: »Ich sitze weniger – wie Sie vermuten – im Grünen, sondern liege im Blauen, und dieser herrliche See, in dem man spazieren schwimmt, hat für mich den großen Nachteil, daß man nicht das Manuskript ins Wasser mitnehmen kann.«

Von der Natur reichlich vom Feinsten beschenkt, sehen die Kärntner auch Österreichs höchsten Berg, den Großglockner (3798 m), gerne als den ihren und setzten ihre Landeshymne genau dort an: »Da, wo Tirol an Salzburg gränzt / Des Glockners Eisgefilde glänzt«. Es sind jedoch drei Länder, nämlich Tirol, Salzburg und Kärnten, die sich die majestätische Glocknergruppe teilen; im Gletschereis treffen sich ihre Grenzen.

Das Urgestein der Hohen Tauern und die Gurktaler Alpen im Norden sowie die schroffen, hellen Kalkwände der Karnischen Alpen und der Karawanken im Süden prägen dieses landschaftlich so vielfältige Grenzland Kärnten. Bevor wir uns der komplexen geographischen und sprachlichen Grenzsituation nähern, ist ein kurzer historischer Rückblick für das Verständnis hilfreich.

Am Magdalensberg nördlich der Hauptstadt Klagenfurt war das Zentrum eines norisch-keltischen Königsreichs, hier war auch lange Zeit die

Hauptstadt der römischen Provinz Noricum. Die Überreste einer prachtvollen Römersiedlung sind noch heute zu bewundern. Der Name Kärnten selbst verweist ebenfalls auf eine große Geschichte: Das auf das Illyrische oder Keltische zurückzuführende Wort bezog sich ursprünglich auf einen Flurnamen nahe Karnburg. Hier am Rande des Zollfelds hatten die karolingischen Grafen ihren Sitz; einer von ihnen, Arnulf von Kärnten, brachte es Ende des 9. Jahrhunderts zum deutschen Kaiser. Kärnten erlangte in der Folge als selbständiges Reichsherzogtum (976) seine größte Ausdehnung: Istrien, Krain, Verona, Friaul, das Pusztertal, die Steiermark und der südöstliche Teil Niederösterreichs gehörten damals zu »Carinthia«. Im Spätmittelalter war Friesach – es gehörte zum Erzbistum Salzburg – eine der prächtigsten und wichtigsten Städte im Alpenraum; Ulrich von Liechtensteins Turnierbericht vermittelt eine Idee davon. Die Sponheimer bauten St. Veit an der Glan zur glanzvollen Residenz aus; Gunter Falk streift die ehemalige Landeshauptstadt mit der Eisenbahn. Es waren die Habsburger, die dem Land dann weniger Bedeutung beimaßen – und noch heute kann man dem Argument begegnen, das Land werde von Wien stets vernachlässigt.

Das 20. Jahrhundert vollendete in seinen ersten Jahren den Aufstieg Kärntens zur begehrten Fremdenverkehrsdestination. Nach dem Ersten Weltkrieg begann mit dem »Kärntner Abwehrkampf« und der Volksabstimmung am 10. Oktober 1920 eine bis in unsere Tage andauernde politische Zuspitzung im Verhältnis der deutsch- und der slowenischsprachigen Bevölkerung. Es ging in der Abstimmung um den Verbleib des mehrheitlich von Slowenen bewohnten Unterkärnten bei Österreich oder eine Abtretung an Jugoslawien. 59 % der slowenisch- wie deutschsprachigen Unterkärntner entschieden sich für den Verbleib ihrer Heimat bei Österreich. Nach dem »Anschluß« Österreichs begann mit der Aggression des Großdeutschen Reiches gegen Jugoslawien ein Zivilisationsbruch im bisherigen Zusammenleben; Marie-Thérèse Kerschbaumer erinnert an das Massaker vom Peršmannhof. Erst mit dem Staatsvertrag von 1955, in dem sich Österreich verpflichtete, die Minderheiten des Landes zu schützen und mit entsprechenden Rechten auszustatten, gelangen zukunftsweisende Neuansätze. Mit der Gründung der Republik Slowenien 1991 scheint eine Neuorientierung möglich.

Wir haben versucht, die Erfahrung der sprachlichen Grenze und der Zweisprachigkeit, die von vielen Dichtern auch als bereichernde Herausforderung begriffen wird, zu vermitteln. Ein wesentliches Thema verbindet dabei die Schriftsteller ländlicher Herkunft, ob slowenisch- oder deutschsprachig: das Dorf. In keiner anderen Region Österreichs wird in der Literatur diesem speziellen Konglomerat aus Heimat und Identität so viel Aufmerksamkeit – mit einem präzisen Blick, ganz ohne Pathos – gewährt.

Man könnte den Eindruck gewinnen, in Kärnten gäbe es nicht nur eine geographische, sondern auch eine geschichtlich-ideologische »Geschlossenheit«. Das könnte mit ein Grund sein für den Klagenfurter Germanisten Klaus Amann, einen der profundesten Kenner der Kärntner Literatur, zu konstatierten, »daß in keiner anderen österreichischen Gegend das Schreiben über das eigene Land die Akteure und die Rezipienten in derart starke Erregungszustände und Bekenntniszwänge« versetze wie in Kärnten.

Wie jede Auswahl ist auch diese eine subjektive. An erster Stelle stand der Wunsch, ein möglichst vielfältiges Kompendium zusammenzustellen. So geben wir einem heute außerhalb Kärntens zu Unrecht fast Vergessenen, Johannes Lindner, und einem seit vielen Jahrzehnten Unterschätzten, Michael Guttenbrunner, eine Stimme und zitieren die

»Großen« ihres Fachs wie Gustav Mahler, Robert Musil oder Uwe Johnson. Wir hören »berühmten« Kärntner Schriftstellerinnen und Schriftstellern wie Bachmann, Lavant, Handke, Jonke, Lipuš oder Winkler genauso zu wie international weniger bekannten. Der Bogen der vorgestellten literarischen Formen spannt sich vom hochmittelalterlichen Versroman über Tagebuch, Brief, Reisefeuilleton, Kurzprosa oder Roman bis hin zu Gedichten.

Um das Weiterlesen der zitierten Bücher zu erleichtern und Näheres über die Autoren zu erfahren, findet sich auf den letzten Seiten ein Autoren- und Quellenverzeichnis. Die Adressen und Hinweise enthalten Informationen zu den erwähnten Sehenswürdigkeiten, Forschungsstellen sowie zum regionalen Tourismusverband.

Mit unserem Büchlein im Gepäck wünschen wir vergnügliche Reisen durch Kärnten. Es gibt viel zu erkunden durch die Augen der Dichter.

Barbara Higgs und Wolfgang Straub, Frühling 2004

I. Oberland

Josef Winkler: Der Leibeigene

Seit seinem ersten Roman »Menschenkind« (1979) beeindruckt Josef Winkler jedesmal aufs neue durch seine originären Prosakunstwerke. Obwohl er sich immer wieder in seiner Herkunft aus einem kleinen Kärntner Bauerndorf zu verbeißen scheint, verfaßt er weder Heimat- noch Anti-Heimatliteratur. Das Kärntnerische, das Bäuerliche, das Archaische und Religiöse sind sein Material für sprachliche Transzendierungen. So auch im Roman »Der Leibeigene« (1987) – einer »Summe des Winklerschen bäuerlichen Kosmos« (Strutz). Der Roman mit Skizzen von Außenseitern und Ausgestoßenen ist durchzogen von »realem Material«. Im Prolog ist dies die touristische Landschaft um die höchste Staumauer Österreichs, die rund 200 Meter hohe Kölnbreinsperre im Maltatal, sowie die Geschichte ihrer Errichtung. Für Winkler ist »Leibeigenschaft« – wie sein gesamtes Œuvre – nur im Hinblick auf Sterben und Tod zu verstehen, und so kreist er im Prolog denn auch um die Toten des Kraftwerksbaus.

Mit meiner Malermappe, die schon voller Ölfarbe ist, gehe ich in den Kärntner Bergen herum. Ein Ölpatzen fiel da-, einer dorthin, und auf diese Art und Weise hat sich auf meiner Malerhose eine eigene Landschaft gebildet. Einmal, ich hatte gerade im Maltattal nahe der Osnabrückerhütte ein Bild gemalt, goß es in Strömen. Sie erinnern sich, Menschikow, Sie waren damals auch dabei und lasen *Miracle de la Rose* von Jean Genet. Bis es zu regnen aufhörte, stellten wir uns in eine halbzerfallene Sennerhütte, in der wir vermoderte Matratzen, zusammengebrochene Stühle und eine Anzahl von Konservendosen sahen, Almlieslkondensmilch, zerbeulte Coladosen, Fischkonserven, spanische und jugoslawische Ölsardinen. Papier von der Deutschen Bildzeitung und der Frankfurter Allgemeinen lag herum. Ich drängte mit meinem Stock alles auf einen Haufen zusammen und betrachtete den Abfall. Es interessiert mich ungemein, was die Leute in welchem Zustand wegwerfen.

Während wir den Stausee entlanggingen und an einer kleinen Kapelle vorbeikamen, in der auf mehreren Bronzetafeln die Namen der vierundzwanzig beim Bau der Kölnbreinsperre verunglückten Arbeiter aufgelistet sind, erzählte er mir, daß im Bergdorf, in dem Warwara Wassiljewna wohnt, eine Sommerfrischlerin, die gerade eine Operation hinter sich hatte und sich in den Kärntner Bergen erholen wollte, auf eine abgesperrte, mit einem Verbotsschild versehene Wiese ging und von einem Widder niedergestoßen und getötet wurde. Während der Widder mit seinen Hörnern in den Eingeweiden der Frau wühlte, umringte die Schafsherde die Sterbende und ließ die herbeieilenden Helfer erst zur Frau, als sie schon tot war und ihre Augen sich starr auf die blutigen Hörner des Widders richteten. Die Bauern hoben den schrecklich zuge-

Im Maltatal

richteten Leichnam aus dem blutbeschmierten Klee auf einen Milchwagen, an dem ein Pferd angespannt war, und brachten die sterblichen Überreste ins Bergdorf.

»Jeder Urlaub verlangt nach neuen Karten – die Trümpfe finden Sie bei uns in der Malta-Hochalmregion. Romantische Bergstraße, schweißtreibende oder, wenns beliebt, bequeme Pfade zum Gletscher, gemütliche Rast im Bergrestaurant Malta mit Blick auf die 200 Meter hohe Kölnbreinsperre. – 18 Kilometer lang ist der Weg ins Hochgebirge, wo die Natur mit dem Menschen Freundschaft schloß. Sie stets zu erneuern, dazu sind Sie eingeladen.« Mit diesem Fremdenverkehrsprospekt in ihren Rucksäcken, mit ledernen Knickerbockerhosen, roten Bergstrümpfen, Gummihosenleitern, auf denen senkrecht Enzian und Edelweiß eingenäht sind, den Totenmasken der Verunglückten auf ihren Gesichtslarven und eine brennende Kerze haltend betreten die Stauseetouristen die Totenkapelle, lesen zuerst auf einer Bronzetafel »Den Toten des Kraftwerkbaues 1971–1979 zum Gedenken« und dann auf weiteren vier Bronzetafeln die Namen der von den Österreichischen Draukraftwerken ermordeten Arbeitern:

Traar Georg
Krall Friedrich
Poposchek Alois
Hofer Johann
Schader Hubert
Delfabro Gerhard

Trampusch Friedrich
Einetter Michael
Wechselberger Roman
Bstieler Johann
Gosdić Božidar
Berger Johann

Joseph August Schultes: Reise auf den Glockner

Österreichs höchster Berg (3798 m) steht in Kärnten. Die Kärntner verweisen gerne darauf (etwa in der Landeshymne: »Da, wo Tirol an Salzburg gränzt / Des Glockners Eisgefilde glänzt«), zudem ist die Kärntner Seite des Großglockners wahrscheinlich das meistfotografierte Stück Landschaft Österreichs. Die Erstbesteigung war eine Art Kärntner Nationalunternehmen: Der Gurker Fürstbischof Franz Xaver von Salm-Reifferscheid richtete 1799 eine große Expedition aus, vier Bauern und ein Wissenschaftler erreichten den Gipfel des Kleinglockners, ein Jahr später gelang bei einem weiteren Anlauf die Ersteigung des benachbarten Großglockners.

Die nächste Expedition organisierte der Wiener Aufklärer und Naturwissenschaftler Joseph August Schultes. Seine Reisebeschreibungen schwanken zwischen Wissenschaft und Poesie, durchmischt von sentimentalen Stimmungsbildern. Schultes' Aufenthalt am Kleinglockner ist eines der ersten Zeugnisse schwärmerischer Gipfelrundblicke, die von da an bald zum festen Inventar der Alpinliteratur zählen sollten.

Während meine unternehmenden Gefährten den letzten Gipfel erstiegen, der sicher nicht mehr als 6 Klafter über den kleinen Glockner er-

Blick auf den Großglockner von der Franz-Josephs-Höhe

haben ist, saß ich an dem Kreuze des letzteren, versunken in der Pracht des Panoramas, in dem mein Auge sich verlor. Der Fuscher Tauern stand, wie ein jüngerer Bruder, dem Glockner im Norden zur Seite: Hinter ihm, etwas gen Westen, erhob sich das schlanke Wisbachhorn stolz in die Lüfte, als wollt' es mit diesem Riesen sich an den Sternen messen. Das Teufelshorn und der zweygipfelige Watzmann am Königssee ragten, kaum deutlich bemerkbar, aus dem Meere von Schneealpengipfeln hervor, das, wie getrieben vom wüthenden Nordsturme, vom Norden herab sich an dem südlichen Glockner in wolkenberührenden Wogen dämmte. Im Norden verloren sich die Berge des Böhmerwaldes in dem Grau der Luft. Feyerlich stand an dieser Gletscherkette im Nordwesten der Hallstädter Schneeberg: ferner als der Watzmann, wohl um zwölf Meilen, schien er auf zwanzig Meilen weit nicht niedriger als derselbe. Versammelt um diese Riesenalpe lagen die Schneeberge alle, die Steyermark von Oberösterreich trennen, in fernem Blau des Horizontes, und Gipfel zog an Gipfel hin gen Osten. Mein Auge suchte den Oetscher zu erkennen unter den tausend und tausend Schneekuppen: gesehen haben mag es ihn vielleicht und seinen Bruder den Schneeberg, aber erkannt hat es ihn nicht. Zu Füßen lag mir der Rauriser Tauern, die Goldzeche, und die Zirknitz und die Malnitz und die Tauern alle und Alpen, die die eisige Mauer zwischen Steyermark und Kärnthen bilden. Sie zogen hinauf im Osten zu ihren nördlichen Brüdern, und verschwanden mit dem Horizonte und mit ihnen. Der Terglow, die Zierde Krains, stieg im Südosten empor über die schroffen Caravancas aus einem Meere von weißen Alpengipfeln. Weit hin über diese Greifen der Erde und über die Hügel, die sich an Adriens Ufer senken, irrte mein Auge. Es suchte den Spiegel des Meeres jenseits des Karstes: im Glanze der Sonne, die über das Meer hin stand, schwanden die Berge und Meere vor ihm, es lenkte sich unwirklich hin gegen Südwest. Da sah ich über Tyrol hin und über seine Ferner alle und seine Thäler. Unter ihnen stand der Brenner wie ein breitschultriger Atlas, und der *Orkles*. Sie lehnten an Helvetiens Alpen sich und an jene des Bündtner Landes: an des Gotthards Nachbarn, und die Brüder der Rosa. Ueber die schmälere Alpenreihe des Zillerthales verlor sich das Auge in Bayerns Ebenen: zu Dir hin, Schubauer in München, und zu Dir, mein Kaiser in Regensburg! Wohl ahndete es die

Puncte, wo ihr jetzt leben mochtet, und arbeiten für das Wohl der Menschheit, aber es konnte sie nicht entdecken: es entdeckte noch weiter hinaus über den Lech die Hügel der Iller vielleicht noch, und der Nab und der Laber.

O der vernichtenden Aussicht! Ich saß am Kreuze, das ich fest umschlungen hielt mit meinem Arme, und zitterte als ich den halben Erdball unter mir sah: mir schien das Kreuz zu wanken und der ganze nadelförmige Gipfel, auf dem ich saß: ich glaubte zu fühlen wie die Erde sich drehe.

Im heitersten Azur, in dem dunkelsten Schwarzblau, das Blau von Schwarz noch scheidet, sah ich hier den Himmel die Erde umfassen in der feyerlichsten Stille. Die Erde lag im feinsten Aetherlichte unter ihm. Ich sah den strahlenden Silbergürtel von Schnee und Eis an Europens Jungfrau.

Antonio Fian: 1938, Liebe

Viele Literaten Österreichs – u. a. Christoph Ransmayr, Elfriede Jelinek und Werner Kofler – verknüpfen die lange negierte Mitschuld an den nationalsozialistischen Verbrechen und die aus der Tourismuswerbung bekannten Bilder einer unberührten, »unschuldigen« Gebirgslandschaft. Antonio Fian erweitert diese »Einschreibungen« der Geschichte in die Landschaft um einen neuen Aspekt, er greift eine lokale Überlieferung aus Winklern im oberen Mölltal auf. Der Wahrheitsgehalt des Geschilderten ist nicht von Belang, die Felswände über dem kleinen Marktflecken am Fuße des Iselsberg, des Übergangs nach Lienz, sind zudem verwachsen – möglich erscheint die Installation dieses kruden Liebeszeichens allemal.

Besonders gut am Abend kann man heute noch in W. im Kärntner Oberland, auf einer Felswand hoch über der Ortschaft, zwei auffällige Flecken erkennen, zwei wache weiße Augen in der Dämmerung.

Da verliebte sich, als Schuschnigg noch das Land regierte, der Sohn eines Bauern, der in den Bergen über W. seinen armseligen Hof bewirtschaftete, in die Tochter des reichen Wirts unten, eines in der Illegalität schon allseits bekannten Nazi, der es später, nach dem Einmarsch, zum Bürgermeister brachte. In seinem Werben vom eigenen verlacht und vom Vater der Braut hartnäckig abgewiesen, da er über Mittel, die ihn als standesgemäßen Bräutigam hätten erscheinen lassen, nicht verfügte, verfiel der Bauernsohn auf die Idee, statt jener die rechte Gesinnung, ob es nun seine tatsächliche war oder nur eine zweckmäßige, dem Wirt als Referenz darzubieten. In einer Nacht und unter Einsatz seines Lebens

Winklern

bestieg er die steile Felswand und schmückte sie mit zwei riesenhaften Hakenkreuzen, die in leuchtendem Weiß anderntags Ehrfurcht geboten weithin übers Land.

Da zögerte auch der Wirt nicht länger und willigte, beeindruckt von solcher Entschlossenheit und solchem Wagemut, in das Ehebündnis ein.

Kaum zwei stille und glückliche Jahre aber hatten die Brautleute verlebt, da wurde draußen die Welt laut, marschierte und sang, und der Wirt trat heran an den Schwiegersohn und sagte, hinaufweisend auf den Felsen, es sei nun wohl an der Zeit, freiwillig und mutig dafür auch einzutreten an den verschiedenen Fronten.

Was blieb dem jungen Mann übrig?

Bekränzt und bewundert zog er in den Krieg, hierhin und dorthin, schrieb ungezählte Feldpostbriefe und träumte von W., kämpfte in halb Europa, fiel in der Normandie und mag sich seither auf einem jener unendlichen Friedhöfe befinden, nahe dem Meer.

Für Trauer blieb wenig Zeit, das Leben mußte weitergehen, auch im Frieden. Erneut also gab der Wirt zu einer Hochzeit der Tochter den Segen, mit einem jungen Mann diesmal, der, unersetzlicher damals denn je, ergiebigen Boden brachte in die Ehe und der gleich nach dem Krieg, seine Würdigkeit zu beweisen, selbst jenen Felsen bestieg, begleitet von englischen Soldaten, um eine unzeitgemäße Liebeserklärung zu beseitigen.

Hermann Bahr: Tagebuch

Im späten 19. Jahrhundert warb Millstatt mit Inseraten in Wiener Tageszeitungen für sein »mildes Klima, seine gesunde Luft und sein erfrischendes Seebad« – ein »für den Sommeraufenthalt sehr geeigneter Ort«. Das sind nach wie vor die Gründe, die die Gäste anziehen, und entlang der Seepromenade spürt man immer noch die Atmosphäre der klassischen Sommerfrische. Es waren diese Vorzüge, die den Schriftsteller Hermann Bahr bewogen, hier in den zwanziger Jahren sein Sommerdomizil aufzuschlagen. Wenn man sein Tagebuch aus dem Jahr 1923 liest, zeigt der »gelehrte Dichter« sich auch von ganz anderem fasziniert, sei es eine Geschichte über den Ortsnamen, sei es das Barocke der Landschaft und des Stiftsinneren oder seien es die hübschen Wienerinnen, die Millstatt bevölkerten.

12. Juli. Wie mag Millstatt zu seinem Namen gekommen sein? Es stammt aus der Zeit des heiligen Domitian, über den ich freilich weder in der Legenda aurea des Jacobus de Voragine noch in des verehrten Beuroner Paters Hildebrand Bihlmeyer »Gottsuchern« etwas erkunden kann, aber es muß ein Gottesmann von paulinischer Art gewesen sein, ein tapferer Soldat des Herrn, ergrimmt für die Wahrheit und nicht zögernd, dem frisch bekehrten Heidenvolk, das seiner alten Götter nicht so schnell vergessen konnte, die frohe Botschaft der Liebe, wenn es nicht anders ging, gelegentlich auch einzubleuen. »Ich bin nicht gekommen, den Frieden zu bringen, sondern das Schwert!« Noch war ja damals aus der Zeit römischer Siedelung her Erinnerung an die Götter Griechenlands wach, und nicht bloß insgeheim im Gedächtnis des Volkes, sondern als leibhaftiger Augenschein: denn überall standen noch rings ihre Statuen, Tausende von Statuen, und wenn der fromme Mann aus dem Dunkel stiller Morgenandacht hinauf auf den besonnten Markt trat, traf ihn der Strahl unvergänglich lächelnder olympischer Schönheit. Sie mag ihn selber zuweilen im Gemüt so tief verwirrt haben, daß ihm bang um seinen rechten Sinn ward, er ertrug den spöttischen Blick ihrer siegenden Heiterkeit nicht mehr und so tief bei sich, über sich und sie ergrimmt, ließ er den ganzen Olymp eines Tages in Karren packen,

ans Ufer fahren, in Schiffe verladen, in den See hinaus rudern und dort draußen, wo der See am tiefsten ist, versenken in den Grund. In der Früh, wenn der Wind noch schläft und der See so still in den Armen des Traums ruht, daß sich keine Welle traut, ihn zu stören, fahren wir jetzt täglich hinaus, in jene Mitte, da steht das Boot dann in der Morgensonne, wir aber horchen hinab in die Tiefe, wo Aphrodite golden thront, Faune lüstern nach Najaden haschen und Apoll in seine jetzt offenbar schon etwas naß gewordene Leier greift. Tausende von Statuen ruhen in der Tiefe des Sees, erzählt der Chronist, und darum heißt er il lago delle mille statue, woraus dann in deutschem Mund später, als die Herkunft des Namens in Vergessenheit geriet, allmählich Millstatt wurde. Ich finde diese Geschichte wunderschön. Sie wird wohl ungeschichtlich sein, aber dafür ist sie von höherer Wahrheit, von der Wahrheit des Symbols: die ganze Vergangenheit Millstatts steckt darin. (...)

Einen gewaltigen Atemzug lang lag zur barocken Zeit wirklich einmal Vergangenheit, Gegenwart und Zukunft im seligsten Nu beisammen. In Millstatt glaubt man das fast bis in die Landschaft hinein zu spüren; mir ist, als hätten sich sogar die Berge selbst in die griechischen Statuen auf dem Grunde des Sees verschaut. Ja, sogar ich selber muß mich auch schon insgeheim irgendwie verschaut haben, denn ich sehe jetzt auf einmal im See, auf dem See, am See überall nur Griechinnen. »Schau, schon wieder eine Griechin!« sage ich zu meiner Frau. »Nein!« antwortet sie sanft, »sondern du bist nur jetzt halt entwöhnt, Wienerinnen zu sehen. Auch wirst du in acht Tagen sechzig, das ist ein kritisches Alter für Männer. Man muß auf dich achtgeben, du siehst sonst mit dem Sechziger im Leibe bald Helena in jedem Wiener Weibe!« Da kommt gerade wieder das Wunder einer solchen Griechin aus Wien an uns vorbei. Und ich sage zu meiner Frau: »Ja wirklich, bitte, gib acht auf mich!« So verzaubernd wirkt dieser unheimliche lago delle mille statue. Der heilige Domitian hatte schon recht.

Helga Glantschnig: Mirnock

Inmitten einer Gegend, die sich bei Feld am See, Bad Kleinkirchheim oder Millstatt gänzlich auf den Fremdenverkehr konzentriert, nimmt sich der Industrieort Radenthein wie ein Fremdkörper aus. Das große Magnesitwerk, der wichtigste Arbeitgeber der Region, führte in den 60er und 70er Jahren zu einem schnellen Siedlungswachstum des Ortes. Diese Jahre sind auch der zeitliche Hintergrund, vor dem Helga Glantschnig in ihrem Roman »Mirnock« die Umgebung einer Kindheit und Jugend absteckt. Den topographischen Hintergrund bilden die Nockberge mit der titelgebenden Erhebung. Glantschnig spannt den Bogen von der spezifischen Umgebung zu einer umfassenderen Bestandsaufnahme des Heranwachsens – an vielen Stellen dürfte sich der Leser an ihm Wohlbekanntes erinnert fühlen.

Auf allen Seiten kreuzen sich die Bergrücken, Berge wie hingelagerte Tiere, abgeflachte, fahlbraune Kuppen. Breit und wuchtig baut sich der Hausberg auf, der mächtige Rücken einer Kuh, riesiger Hintern. Er schaut auf den Ort, als ob er sich unablässig in den Vordergrund schieben wollte, das enge Tal gegen Süden hin abschirmend. Düsterbewaldet die steilen, schattseitigen Hänge, der sonnenärmste Teil des Ortes danach benannt, Schattseite. An den umliegenden Seiten kleben kleinere Dörfer, hoch oben klammern sich die Holzhäuser der Bergbauern an die Hänge, Ställe und Stadel, in zahlreichen Kehren steigen weitverzweigte Wege und Güterwege bergan, Äcker und Wiesen helle Nischen in den Wald brechend.

Auf den ersten Blick ein Industrieort, das Werk beherrscht die westliche Ortseinfahrt. Ungastlich breiten sich am Fuß einer Geröllhalde die langgezogenen Hallen aus, die Gebäude der Steinfabrik, die dichtgedrängten Nebengebäude, all die verschachtelten und schachtelförmigen Bauten, zwischen den Dächern ragen die Rauchfahnen, Rauchsäulen ausspuckenden Schlote empor, die insgeheimen Wahrzeichen, ehemals, der Rauch an manchen Tagen weithin sichtbar.

In der Talsenke, eng eingebettet, das Zentrum der Gemeinde, unter dem Berg sich duckend, kein Brunnen, Springbrunnen, das Fehlen eines Platzes. Entlang der Hauptstraße reihen sich ein- bis zweistöckige Wohn- und Geschäftshäuser, aufgefrischte Fassaden, dazwischen die

Blick auf das Radentheiner Magnesitwerk

eingeschüchterten Dorfreste, das älteste Haus, vor dem Verfall gerettet, zwischen den Holzblöcken hellere Fugendichtungen.

Zwei Schuhgeschäfte machen sich Konkurrenz, eine handvoll Lebensmittelgeschäfte, Gasthäuser, Geschäfte auch für andere Waren, darunter ein Hutgeschäft mit italienischem, eine Drogerie mit biblischem Namen, ein Moden- und Spielwarenhaus. Ausladende Schaufront, der Name weniger klangvoll, das Spielzeug nagelneu, beckenschlagende Affen, Sprechpuppen, Telefon und Kaufmannsladen, nie erschöpfende Anblicke, später errichtete man darin einen Supermarkt.

Kurz bevor sich die Hauptstraße eng in die Kurve biegt, führt sie über ein ausgemauertes Bachbett. Das Wasser, zwischen den Bergen aus dem Graben herausbrechend, wälzte sich im Frühling braun und tosend dahin, führte den geschmolzenen Schnee, Äste, im Sommer schwoll es nach Gewitterstürzen für Stunden an, ein Strudeln und Wirbeln, Dröhnen und Brüllen, Rauschen aus allen Winkeln, ein schäumender Angriff, der allmählich wieder ausklang. Das Wasser, zu spüren, zu riechen, im Morgenlicht, in den Nachmittagswinkeln, wenn der Nebel von den Bergen herunterkroch.

Alle ähnlich und alle verschieden, ein Haus wiederholt das andere, gut ein Dutzend Eigenheime, geplant für zwei Familien, nach demselben Grundriß gebaut, eigenhändig errichtet, vor und nach der täglichen

Arbeit, mittels Sparbauweise und Nachbarschaftshilfe. Das Obergeschoß eine Mansarde und das Giebeldreieck mit Holz verkleidet, verschalt. An der Stirnseite ein Balkon, Gitterstäbe oder Holzsprossen, Balken flankieren die Fenster. Die Obstbäume und Sträucher im Anwachsen begriffen, die Gärten von Lattenzäunen oder Maschendraht eingefaßt. Sonnige Südlage, die über dem Ort gelegene Siedlung war einst ein terrassenförmig ansteigendes Feld, zum Besitz eines Bauern zählend, alle Parzellen bis auf eine verbaut. Die obere Reihe der Häuser zeigt die Vorderseite, die untere die Rückseite.

Die Linie jedes Beetes, der Ort jeder Pflanze, die Blüten jedes Strauchs, die Form jedes Baums, der Garten wie eine Schultafel, in klarer Anordnung Kreise und Quadrate und Rechtecke gezogen. Die Auffahrt an der Garagenseite parallel zur Eingangstreppe, das Spalier der Obstbäume parallel zum Zaun, die Apfelbäume auf der Längsseite, die Birnbäume auf der Breitseite, die Reihe der Ziersträucher, desgleichen die Ribiselstauden, Lupidenbüsche, die Stöcke der Pfingstrosen, akkurat aneinandergereiht. Hinter dem Haus spitze, hohe Gräser, ihr Drängen und Schmiegen, Hollerstauden, Haselsträucher, Erlengebüsch den Hang hinauf, Bäume höher und höher, dichtes Gehölz.

Kein Asphalt bedeckte den Weg, von keinen Straßenlaternen beleuchtet, aber die Füße wirbelten Staub auf, der sich lautlos wieder setzte, in einer Steigung führte der Weg kurvig aus der Siedlung hinaus, im Winter eine Schlittenbahn. Das Fehlen eines Autos machte sich ebensowenig bemerkbar wie der nichtvorhandene Fernseher, das Gefunkel geschliffener Gräser, weder Einbauschränke noch Tapeten nahmen die Wände in Besitz, und unbestimmt reifte die Zukunft. Kein Telefon, kein Kühlschrank summte, aber eine Menge freier Ecken und die Verheißung künftiger Anschaffungen.

Paolo Santonino: Reisetagebuch

1485/86 unternahm der Bischof von Caorle im Auftrag des Patriarchen von Aquileia eine ausgedehnte Reise in die nördlichen Grenzbereiche des Patriarchats – Kärnten und Osttirol –, um zahlreiche Kirchen zu weihen, die während der Tür-

kenkriege zerstört worden waren. Der Bischof war in Begleitung seines Sekretärs Paolo Santonino, dem Kanzleileiter des Patriarchats. Santonino schrieb normalerweise Dokumente für den Kanzleigebrauch, sein in Lateinisch verfaßtes Reisetagebuch hat jedoch explizit literarische Intention. Es gilt als eine der wichtigsten Quellen der mittelalterlichen Alltagskultur des Alpen-Adria-Raumes; die Forschung geht davon aus, daß »das von Santonino gezeichnete Bild ziemlich ungetrübt die von ihm erlebte Wirklichkeit« wiedergibt (Hundsbichler).

Oberdrauburg

Berühmt ist Santoninos Itinerarium nicht zuletzt für seine kulinarischen Ausführungen. Auch der Besuch im malerisch gelegenen Oberdrauburg, dem man seine große Vergangenheit noch ansieht, ist ein Ausflug in das Kärntner Nahrungswesen des Spätmittelalters – von den Italienern teilweise sehr skeptisch begutachtet.

Dieser Fluß scheidet die Diözese von Aquileia zuerst von der Salzburgs und in ganz Oberkärnten von der Bambergs, dann von anderen bis zur Grenze Ungarns. Und um auch über die Lage des festen Ortes Drauburg etwas zu sagen: Er liegt, von Zuglio aus gerechnet, jenseits der Drau und am Fuße eines steilen hohen Berges, an dieser Seite hat er auch keine Ringmauer. Oberhalb, unweit dieses Berges, hat er eine dreifach bewehrte Burg, die im Grundriß fast ein gleichseitiges Dreieck darstellt. An der Talseite hat er die Drau, die an dieser Stelle nach Zeugnis der Bewohner kaum zu irgendeiner Jahreszeit durchschritten werden kann. Trotzdem gibt es hier eine wenngleich niedere Ringmauer, desgleichen zur Rechten und zur Linken. Die Zahl der Häuser beträgt an die 40, die Bewohner sind hinreichend anständig, unter ihnen gibt es einige Schneider, einige Schuster, einige Schmiede usw.

Der Herr Bischof weihte im Orte die zur Filialkirche S. Oswald gehörige Friedhofskapelle zu Ehren des hl. Michael ein zusamt dem Beinhause und dem Altare, in dem versenkt worden sind Reliquien der Märtyrer Erasmus und Erasma und der Bischöfe-Bekenner Martin und Nikolaus.

Neben dem Eingange der Oswaldkirche ist von der Hand eines edlen Künstlers der hl. Christophorus gemalt, so lebenswahr, daß ihm nur der Atem zu fehlen scheint. Die Mahlzeit wurde im Ortsgasthause gehalten, es sind nicht weniger als sieben Gänge aufgetragen worden, darunter ein Gericht aus gekochten süßen Birnen, die, in einer Schüssel angerichtet, zuletzt mit Butter und halbsüßen Gewürzen versetzt worden sind. Auch Fische haben nicht gefehlt, kostbare und schmackhafte, in Öl gedünstete und in Wasser gesottene, dreierlei Gattung Wein wurde in silbernen Bechern kredenzt, zum ersten Trunke ausgezeichneter Malvasier, dann Wein aus Friaul und zum Nachtische süßer, süffiger Rebolio.

Nach dem Essen zog sich der Bischof aufs Zimmer zurück, um ein wenig auszuruhen von der Anstrengung des Weges und der Anstrengung der Weihen. Durch beides war er, wie er gestand, sehr geschwächt. Santonino hatte an diesem Tage und den anschließenden schlimme Kopfschmerzen infolge des Luftwechsels und der Kälte.

Hier hat in dieser Nacht der Priester aus Österreich mit seiner eigenen, ganz verschmutzten Leibwäsche das Fenster des Schlafzimmers abgedichtet, damit der Nordwind nicht dem Kopfe und dem Magen unseres Bischofs, der gegenüberlag, Schaden täte.

Am Freitag, den 7. Oktober betrat der Bischof von Caorle, von dem Essen neu gekräftigt, die Drauburger Kirche, hörte dort eine Messe und firmte vierhundert und mehr Erwachsene und Kinder. Als diese Funktion beendet war, begab er sich in den Gasthof zurück. Daselbst labten sich die Unseren an einem Mahle von sieben Gängen. Dabei wurde ein zweifaches Knödelgericht aufgetragen, das eine in Käsesuppe mit Zwiebeln und Gewürz, das zweite mit Öl und schärferem Gewürz bereitet. Wir Italiener haben uns fast alle von dieser Kost enthalten, um nicht Husten zu kriegen oder Gehirnkongestionen oder sogar Magenschmerzen. Dagegen hatten wir es eilig mit den Forellen und Äschen, mit denen wir nach unserer Erfahrung gut fuhren. Immer wieder war einer da, der den Tafelnden den Malvasier einschenkte, besonders den deutschen Klerikern, welche bei Tische saßen. Gesättigt bestiegen wir die Pferde, passierten beim Tore des Ortes die Brücke über die Drau und hielten auf das Dorf Tristach zu, das zur Diözese Aquileia gehört, von Drauburg 10 Meilen, von Lienz eine halbe entfernt ist.

Engelbert Obernosterer: Der senkrechte Kilometer

»Eigentlich ist der Ort der Handlung das Bewußtsein. Aus ihm tauchen dörfliche Strukturen auf.« So charakterisiert der Klappentext treffend Engelbert Obernosterers erste Buchveröffentlichung »Ortsbestimmung« (1975). Die beiden Sätze treffen ungebrochen auch auf die 1980 erschienene, im Untertitel »Studien zum Landleben« benannte Prosa »Der senkrechte Kilometer« zu. In diesen Ortsbestimmungen und literarischen Vermessungen objektiviert der Autor den Ort seiner

Herkunft, das Lesachtal. Die Erfahrungen einer Jugend in diesem verwinkelten, bäuerlichen, urtümlichen Tal sind nur mehr das Unterfutter, die detailgenauen Texte oszillieren zwischen Allgemeingültigkeit und Kenntlichkeit, Obernosterer zeigt uns als eine Art Flurwärter auch unsere Vorstellungen, Projektionen vom ländlichen Raum.

Zwischen den Tafeln Ortsanfang und Ortsende, rechteckigen, weißlackierten Blechen, beschriftet auf mechanisch exakte Art, beschädigt freilich durch mehrere Beulen, die von Steinwürfen herrühren, wobei niemand eine befriedigende Auskunft darüber erteilen kann, warum jemand Steine gegen die besagten Tafeln erhebt, – zwischen diesen einigermaßen beschreibbaren Objekten ist es zu suchen, worum die Bemühungen mehrerer Vereine kreisen, ohne es ein für allemale erfassen zu können, ein im Augenblick noch geistiges Konstrukt, in welchem das sprichwörtlich konstruktive Denken der Gemeindeväter sich trifft mit den Konstruktionen, die die Zimmerleute auf eher gedankenlose Weise ausführen, sich trifft mit dem ständigen Aufbauen auf dem Althergebrachten. Seine Verstrebungen liefern Argumente zu allen möglichen neuen Konstruktionen, denen, die das Vorfindbare für null

Im Lesachtal

und nichtig erklären, weil ihr Blick sich in die Zukunft richtet, nicht minder auch denen, die Argumente dafür aufgreifen, daß man hier insgesamt Jahrzehnte, wenn nicht Jahrhunderte, hinter der Zeit lebe. Es lassen sich auch Hinweise dafür sammeln, daß das Gebiet überhaupt nur in gewisser Hinsicht existiert: Die Straßenbenützer etwa nehmen es nur wahr in Form einer von Stadelecken erzwungenen Fahrbahnkrümmung. Die wenigsten erkennen die Strecke durch Tempo 50 als Ortsgebiet, bedeutet sie doch nichts weiter als eine Störung der gleichmäßigen Fahrt, eine Zone verschiedenartigster Gefahren. Den hier Ansässigen schließlich grenzen die Tafeln ihr Ein und Alles ein. Was über das hier Erfahrbare hinausgeht, Städte, die man anläßlich von Verwandtenbesuchen betritt, Schlösser zwischen Silberpappeln, sie gelten als trügerisch und bloßer Schein, dem ihr Denken nicht trauen darf.

Je undefinierbarer das von den Begrenzungstafeln Eingeschlossene seinen Bewohnern sich zukehrt, desto wichtiger wird es, daß Schrift und Tafel in untadeligem Zustand anzutreffen sind. Die Sicherheitsorgane sehen es als vordringliche Aufgabe an, denjenigen einmal das Handwerk zu legen, welche Unsicherheit dadurch auslösen, daß sie mit Steinen nach der Tafel zielen, wodurch diese an Leserlichkeit, ihr Inhalt aber an Deutlichkeit verliert. In der damit zusammenhängenden, keineswegs unberechtigten Angst reagieren Agrarier so, daß sie sich noch tiefer ins Agrare verkrallen, das heißt praktisch, daß sie jedes feile Stück Ackers zusammenkaufen, wie wenn sie sich dadurch seiner Fremdartigkeit erwehren könnten.

Immer wieder die rhetorische Frage, was es Neues gibt. Nichts, heißt die Antwort, die in den dortigen Sprachgewohnheiten auf lebhafte Weise zu langen humorvollen Wortwechseln ausgedehnt wird. Die sporadischen Geburten und Todesfälle, sowie die kleinen Variationen über diesen Themen reichen nicht ins Neue hinab; an sich der Inbegriff des Neuen, machen sie doch nur mäßige Unruhen innerhalb der Gedanken über Leben und Tod aus.

Die von den Dingen abgeleiteten Begriffe stimmen für die Praxis hinreichend überein mit dem, wovon sie abgeleitet sind. Wer sie sich aneignet und ihnen die Treue hält, wird belohnt durch die Stimmung, die sie abwerfen, sooft man sie bespricht. Das höchstens einmal kurios anmutende Geschehen rund um die Behausungsversuche heißt einfach unser Rennweg. Der Name paßt, zumal er schon seit Menschengedenken angewendet wird, hundertprozentig auf das, was er meint, ähnlich wie die Viehpatronsnamen, welche Neugeborenen verliehen werden, nach einigen Dezennien harmonieren mit den inzwischen der Viehzucht Verbundenen.

II. Unterland

Renaissance-Arkadenhof in St. Veit an der Glan

Gunther Falk: st. veit an der glan

Der früh verstorbene Gunther Falk, dieser Singuläre und vielleicht Avancierteste unter den sogenannten Grazer Dichtern, fängt mit seinem »bundesländer expreß« die dreistündige Fahrt (»11.36–14.35«) von Klagenfurt nach Graz in sechs Gedichten ein. Der Untertitel dieses kleinen Zyklus, »auch: ein suchen / nach verlorenen zeiten«, gibt die Grundstimmung vor, den einzelnen Gedichten ist jeweils ein Musikstück als Motto vorangestellt. In St. Veit an der Glan, der zweiten Station des »expreß«, trifft sich der melancholische Blick in die eigene Vergangenheit mit den großen »verlorenen Zeiten« des Orts: St. Veit war schließlich einmal (von 1122 bis 1518) die Hauptstadt Kärntens.

i stood at the station
my suitcase in the hand …
love in vain; the rolling stones

und sie
steht noch immer
auf dem perron
als du den zug
bestiegst
und sie
dir winkte
es war einmal
und sie winkt
dir schon
wenn dein zug
einfährt
in sankt veit
an der glan
es war einmal
es war sommer
des kindes augen leuchten
es waren einmal
drei sonnen
an einem tag
und du fährst
noch immer
und dein zug
steht
noch immer
am perron
der im winternebel
vergeht

Johannes Lindner: Auf dem Magdalensberg

Johannes Lindner stellte sein Leben in den Dienst der Dichtung, aber starke Selbstzweifel hinderten ihn, sich für die Verbreitung seiner Texte einzusetzen. So war es an der Nachwelt, in ihm einen Begründer der modernen Lyrik in Kärnten zu sehen. Die Einordnung seines Werkes ist schwierig: Konservativität, Traditionsgebundenheit treffen auf starke expressionistische Bilder. Zudem gibt es in Lindners Dichtung keine andere Realität als die mystische Realität. Antike Mythen faszinierten Lindner besonders, die bedeutende antike Fundstätte auf dem Magdalensberg macht er in seinem beschwörenden Gedicht zu einem Denkmal der Präsenz der Antike.

Frage den Stein. Oder die Heckenrosen
antiker Gärtner.
Immer noch blühen sie über dem Schutt
zerscherbter Amphoren.
Bis an die Knie aufhebt der Wind
vieler Mäntel herbstmodriges Gold
und entblößt
die purpurnen Vogelfüße der Tänzer.

Römische Ausgrabungen am Magdalensberg

Nur die grüne Nymphe Niume
– geküßt vom Quellenmunde des Waldes –
kehrte mit ihren Gespielen
ins Dunkel zurück,
in die tragische Tiefe der Zeiten.

Wo ist Noreia?

Sag Asche,
auf der Zunge der Toten
uneingelöst die Münze
noch immer.
Der bärtige Senne beim Herdlicht
ist nur ein Traum aus Rauch,
wenn er den sternhellen Himmel
über die Zither spannt,
seine Hand, verrunzelt wie alte Trauben,
das Schlägeln
der kleinen Natter nachahmt,
den Flug des Vogels
über wilderen Feldern.

Florjan Lipuš: Der Zögling Tjaž

Das Gymnasium Tanzenberg, mit Internat und neoromanischer Kirche ein mächtiger Gebäudekomplex, dominiert von seiner erhöhten Lage aus nicht nur seine Umgebung, die Erziehungsanstalt war über Jahrzehnte hinweg auch ein Zentrum des Kärntner Schulwesens. Viele Kärntner Künstler und Schriftsteller gingen hier zur Schule, Peter Handke etwa oder Gustav Januš. Florjan Lipuš, dessen Name »für die deutschsprachigen Leserinnen und Leser seit mindestens zwei Jahrzehnten fast zum Synonym« für »die slowenische Gegenwartsliteratur in Kärnten« geworden ist (Amann / Strutz), schuf seiner Schule mit dem »Zögling Tjaž« gar ein literarisches Denkmal. Der Internatsroman ist alles andere als eine Lobeshymne, er ist vielmehr ein Angriff auf diese bis in die sechziger Jahre für den höheren Bil-

Tanzenberg, neoromanische Kirche

dungsweg der Kärntner Slowenen sehr wichtige Institution. In kunstvoller Konstruktion breitet Lipuš den Weg seines rebellischen Zöglings, seine Auflehnung gegen Repressionen, gegen Normen aus. Die Übersetzung ins Deutsche ist von Peter Handke (und Helga Mračnikar).

In jenen Jahren gab es keine besonderen Vorkommnisse, außer daß es mit seinem Wuchs noch immer nicht weitergehen wollte. Überall war Fortschritt zu sehen, das Leben ist besser geworden, und das Brot blieb jetzt länger eingeweicht, während es zuvor noch nicht einmal dazu gekommen war, richtig aufzuquellen in den warmen Porzellangefäßen, weil es die Löffel gleich herausgefischt hatten, um es so schnell wie möglich den Nachkriegs-Zahnwerken zur weiteren Verwendung zuzustellen. Alles hat sich zum Besseren gewendet, nur der Tjaž ist der gleiche Tjaž geblieben, es schien sogar, als würde er immer leichtgewichtiger, weder Grütze noch Ersatzkaffee haben ihn irgendwie weitergebracht, während die anderen die Schalen zuerst mit der ganzen Hand gemeistert haben, dann aber schon mit zwei Fingern, hat er noch immer beide Hände gebrauchen müssen. Es wollte in ihm nichts aufgehen, nicht und nicht voran kam er mit seinem Körper. Wie hätte ein Bub, der schon manche Mission hinter sich hatte und dem der Pfarrer schon verschiedene Rollen in der Pfarre und im Pfarrhaus zugeteilt hatte, in dem ein bäuerlicher Starrsinn die ersten messianischen Anwandlungen entfacht hatte, der sich bei seinem eigenbrötlerischen Berglerleben eine unausrottbare Rauhbeinigkeit angeeignet hatte und dem von klein auf die fundamentalsten Quellwasser abgegraben worden waren, wie hätte so ein Bub, auf dessen Rücken der Vater sozusagen die rauhe, knotige Rute hatte weiden lassen, wie hätte solch ein von Kindesbeinen an gebrandmarkter Bub nach Maß wachsen sollen? Was konnte ihm daran liegen, das Kind zum Mann auszubilden, wenn er noch nicht einmal die erste Lebensepoche angefangen hatte, sie gar nicht entdeckt hatte und also ihre Möglichkeiten nicht entwickeln konnte? Was hätte denn die Tätigkeit der Wachstumshormone fördern können, und wer hätte ihm auf die Frage antworten können, ob der Körper dergleichen überhaupt noch zustande brächte? Dennoch hätte sich getäuscht, wer gedacht hätte, das Internat sei eine Stätte der Völlerei, der Faulheit und der Zügellosigkeit oder aber ein Zufluchtsort zurückgebliebener, ein Sanatorium beschädigter Leben, woher denn, so etwas kann es nicht sein, mit solchen Abweichungen weltlicher Art kann und darf es sich nicht abgeben, das Heim ist ein Arbeitsplatz, es ist eine Angelegenheit der Bildung und muß demnach um jeden Preis, also auch auf Kosten der körperlichen Bedürfnisse, den Nachwuchs für die ordentliche ideelle Überzeugung hervorbringen. Was den Körper betrifft, so hilf dir selbst, iß und trink, wie du willst und kannst, sei ganz natürlich in diesen Dingen, es gibt keinen Helden, der nicht brunzt, wenn er scheißt, ernähre dich und bringe dich weiter, auf daß du seelisch wachsest und dich geistig entwickelest nach ihren Erkenntnissen und Plänen, denn man hat Großes mit dir vor, dafür ist gesorgt, dazu ist man ermächtigt, und vergiß nie, daß du aus den zuvor angeführten Gründen die Internatsreihen füllst.

Bodo Hell: Vierbergelauf

Bodo Hell ist ein großer Geher. Er ist dies sowohl als Wanderer (und Senner) als auch als Schriftsteller. Seit seiner Erstveröffentlichung »Dom. Mischabell. Hochjoch« (1977) fließen das Thema Gehen sowie die damit verbundenen rhythmischen Strukturen immer wieder in seine Prosa ein. So verwundert es nicht, daß Hell mehrmals an dem seit dem Spätmittelalter belegten Vierbergelauf, der jährlich am »Dreinagelfreitag«, zwei Wochen nach Ostern, stattfindet, teilnahm und dieser sportlichen Herausforderung auch literarisch gerecht zu werden versuchte. Das Pensum dieser eigenwilligen Wallfahrt ist gewaltig, man muß die vier »heiligen Berge« Kärntens in einem Tag besteigen: Mitten in der Nacht geht es am Magdalensberg los, es folgt der »mons Carantanus« mit seinem vorchristlichen Heiligtum (Ulrichsberg), schließlich der Göseberg und der Lorenziberg.

Wer den Start verschlafen hat, wird beim Aufwachen von Panik gepackt, weit unten ziehen die Fackeln voran, die schwankenden Lichtbänder sind unterbrochen, schon ist die Schlußgruppe erreicht, hinter dem letzten Mann jagt der Geist des Erschlagenen her, die Nachzügler bremsen an den Fersen der Vorangehenden ab, können nicht an sich halten, weichen seitlich an den Straßenrand aus, reihen sich ganz vorne ein, erleichtert, drängen immer weiter vor, ist das schon die Spitze, man überholt, wo man kann, dort wird jeweils wieder vorangelaufen, der allererste spürt den Druck der gesamten nachfolgenden Schar

Am Ulrichsberg

in seinem Rücken, zieht den Rattenschwanz hinter sich mit, auf und davon, junge Liebespaare, die einander während des Laufs an den Händen halten, stumm, man sieht eine Figur am Straßenrand hingekauert, hellhöriger Schatzgräber pocht prüfend auf die Erde, eine Falltür springt auf, jemand tritt aus dem dunklen Gebüsch hervor, kommt die Böschung heruntergesprungen, das Wachs der Fackel tropft auf Bein und Unterarm, man hört die Stimme des Vorbeters im Windstoß an- und abschwellen, die Schar dahinter fällt zaghaft in die Antwortserie ein, es nieselt, es fällt Tau, hier abgezweigt und schnurstracks über den Anger hinunter, bleibt der Boden weich, *o mein Jesus / verzeih uns unsere Sünden / bewahre uns vor dem Feuer der Hölle*, man rempelt die Nebenhergehenden an, entschuldigt sich halblaut, wird nicht beachtet, den Stecken stillgehalten und an den Leib gepreßt, Stockspitzen aus Metall schlagen im Rhythmus der Schritte auf den Straßenbelag, dort geht der Lange mit Stegelstecken, *führe alle Seelen in den Himmel / besonders jene, die deiner Barmherzigkeit am meisten bedürfen*, man ist in eine Gruppe Unbekannter geraten, die vertraute Stimme des Vorbeters weit hinten, Fackelstummel auf Straßenpflock gepflanzt, die Flamme wirft eine warme Lichtinsel um sich herum, auf den Wiesenhang hinauf, eine Seele, die an Ort und Stelle flackert, hat ihre Richtung aufgegeben, erlischt, nur die Ruhe macht es wieder gut, die günstigere Bewegung, schrittweises Abbremsen bergab scheuert die Haut an den Fersen wund, man geht auf Fußballen und Zehenspitzen, die Knie nicht mehr ordentlich durchgedrückt, bald wird sich Muskelschmerz einstellen, an den Oberschenkeln innen, an den Unterschenkeln außen, ein einzelnes Automobil zwängt sich von hinten durch die Menschengruppe durch, mit Schimpfwörtern überschüttet, man steigt über Furchen hinweg und tritt mit jedem Schritt auf einen Ackerriedel, sackt unvermittelt in eine Vertiefung ein, *gebenedeit ist die Frucht deines Leibes Jesu / er beschütze unsere Häuser und Felder / Wiesen und Wälder vor dem Einfluß der bösen Geister*, auf freier Strecke vermag das Gebet die leeren Räume nicht zu füllen, im Hohlweg schwellen die Stimmen wieder hörbar an, unten auf die Fahrstraße zurück, *heilige Maria Mutter Gottes / bitte für uns Sünder / jetzt und in der Stunde unseres Todes amen*, man sieht die Betenden in Seitenansicht mit festem Schritt vorübergehen, wie aus dem Blickwinkel einer Fernsehkamera, der Kameramann läßt die Gruppe von rechts herankommen, nimmt die erste Reihe groß ins Bild und schwenkt mit den Vorbeigehenden nach links mit, obwohl die Prozession nicht im Gleichschritt geht, ist für einen Augenblick der Eindruck eines Defilées entstanden, der Zuschauer nimmt die Pilgerparade ab.

Michael Guttenbrunner: Im Machtgehege

Michael Guttenbrunner ist seit seiner Jugend ein streitbarer Zeitgenosse. Während des Austrofaschismus zu Gefängnis, im Nationalsozialismus zum Tode verurteilt, blieb er auch nach 1945 rebellisch. Im Gegensatz zu seinem oft turbulenten Leben ist ihm das Rebellische in formaler Hinsicht fremd, inhaltlich kommt er – mit Karl Kraus' Sprachauffassung als Orientierungspunkt – Macht, Unterdrückung, Zwang in allen Ausformungen ins Gehege. Das gilt auch für sein editorisch auf Jahre hin angelegtes autobiographisches Kurzprosaunternehmen »Im Machtgehege«, das »die konzentrierteste Form einer Autobiographie ergibt, die man sich nur denken kann« (Gauß). Neben stilleren Tönen des Erin-

Bei Ebenthal

nerns bricht immer wieder das Politische in die vordergründig unberührten Landschaften der Kindheit und Jugend ein. Ein wichtiger Ort des »Machtgeheges« ist Ebenthal, mittlerweile ein Vorort Klagenfurts. Um die barocke Kirche und beim Schloß lassen sich inmitten namenloser Peripherie Guttenbrunners Bilder noch erahnen.

Der Ort unserer Sommerlust war Ebenthal. Es war arkadisch, und es war amphibisch. Seine Anziehung ging vom Wasser aus: von der reichgegliederten Gestalt der Flüsse und der Gewässer, die in seiner Dorfflur zusammenliefen und nebeneinander lagen. Das reinste Wasser bot die Sattnitz, die reich umbuscht und umschilft aus dem Wörthersee herabfloß. Waren wir von Welzenegg her die heißen staubigen Wege gelaufen, genossen wir, hastig entkleidet, in ihrem Bett das kühle Bad. Wir tauchten hinein und schwammen. Dort hatten wir, einer nach dem andern, schwimmen gelernt. Das allein hätte genügt, den Namen Ebenthal für mich unsterblich zu machen. Es gab dort aber noch eine andere, nicht weniger magnetische Form des flüssigen Elements: den Wasserfall. Er war der erste dieser seither fast überall ausgestorbenen Gattung: das

Urbild der Fallsäule, die im Innern einer Schlucht wie im Chor einer Kapelle steht.

Drei Wege führten nach Ebenthal: der über Harbach und Roseneck; der am Feuerbach hinab; und der monumentale durch die Ebenthaler Allee. Die Harbacher Straße führte an den Mauern der Korrektionsanstalt vorbei, und da konnte es geschehen, daß die dort internierten Knaben gerade an die frische Luft geführt wurden. Der Anblick ihrer Kolonne war von erschreckender Härte: dieser graue Zug von mageren, bleichen, kahlgeschorenen Büßern! – Kohlschwarz und dick glitt der Feuerbach zwischen seinen mit großen Kräutern und mit Schilf bedeckten Ufern dahin. Der Fußweg, der an ihm hin führte, war mit Schlacke bestreut. Seine schwere, lautlos rollende Moderflut roch nach Verwesung. In langen krummen Reihen standen Weidenbäume um ihn her: mächtige, oft zerklüftete Stämme, von Zeit und Schicksal immer großartiger ausgebaut, geschmückt mit goldenem Rutenwerk und silbernem Laub.

Die Ebenthaler Allee war von allen Lindenalleen Kärtens die größte. Sie stand in meiner Jugendzeit im blühenden Alter von zweihundert Jahren. Jetzt, im Abendschein des XX. Jahrhunderts, ist sie eine zerlöcherte Ruine. – Sie war ein stundenlanger Dom der Erdenschönheit; und reichte von Aufgang bis Niedergang. Wenn sie blühte, führte jeder Schritt unter ihr auf der staubigen Straße durch die endlose Pracht am Himmel getürmter Blütenwolken. Der Wanderer wurde trunken von all dem Glanz und Duft, den die alten Bäume verströmten, und betört vom Gesang der Geisterchöre der in den Blüten arbeitenden Bienen. – Die Allee hatte noch eine andere Blüte, wenn sie im Winterfrost die Kahlheit ihrer Turmbauten mit Reif bedeckt weithin in blaue Sonnenluft oder in nächtlichen Nebel streckte.

Radsberg/Radiše

Janko Messner: Radsberg/Radiše

Janko Messner ist der über Jahrzehnte engagierteste Kämpfer für die Rechte der slowenischen Minderheit in Kärnten. »Unbekümmert um die geltenden Regeln des Kunstbetriebs« setzt er »auf eine konkrete Ästhetik des Widerstands« (Holzner). Neben Politischem, Widerständigem, neben Polemik und Satire hat in Messners Werk, wie im Gedicht »Radsberg/Radiše«, auch die Natur- und Liebeslyrik seinen Platz. Hier beschwört er die kleine, ländliche Welt des Sattnitz, eines Bergrückens hinter Klagenfurt. Das von schönen Mischwäldern durchzogene, vom Tourismus unberührte Hochplateau wirkt mitunter – etwa in der Umgebung des titelgebenden Dorfes – wie eine Parallelwelt.

Planota visoko nad mestom
v mokrotni mraznici svečana
vsepovsod ivje na vejah
Gasparijeva bela pravljica
Panova piščal
zasnežena vasica ovita v meglo
dim po borovih drveh
Lesovi se luščijo iz sivih tančic
bregovi se brišejo z njimi
se pretegujejo
in bočijo
ker sonce slutijo
da razcefralo him bo meglo v kosme
Pobliskovanje modrega neba
Nobene ptice glas
še ne prekinja jutranje tišine
zajčja sled hiti v zatišje smrečja
Sneg hrešči v smučinah
urezanih v ledeni sren
v ritmu težkega sopenja
rezek vonj po igličevju
Na jasi prvi že prameni sonca
igrivo se prelivajo ti
skozi rdeckaste lase
v planju ritmičnih korakov
Biseri rose na tvojih trepalnicah
Zunaj gozda na vsem lepem
razkošje sonca
razlito po širni kristalni ravnini
Dobro jutro
dobro jutro na sončnih Radišah

Anhöhe über der Stadt
im Februarfrost
von Reif überzogen jeder Zweig
Maksim Gaspari weißes Märchen
Panflöte
verschneites Dörfchen gehüllt in Nebel
Rauch von Föhrenholz
Waldungen schälen sich aus weißem Schleier
die Hänge wischen sich mit ihm ab
dehnen und strecken
heben und wölben sich
sie ahnen die Sonne
gleich wird sie den Nebel in Stücke reißen
aufblitzen lassen den blauen Himmel
Noch keine Vogelstimme
durchbricht die Morgenstille
Hasenspur entläuft in die Fichtenschonung
Schnee knirscht in den Bahnen
im Rhythmus schweren Keuchens
Harziger Geruch von Nadelgehölz
Auf der Lichtung die ersten
schrägen Sonnenstrahlen
im Spiel deines rötlichen Haars
im Wechsel schwingender Schritte
Tauperlen an deinen Wimpern
Außerhalb des Waldes flutet
verschwenderisches Sonnenlicht
über die weite kristallene Ebene
Ein guter Morgen
dobro jutro na Radišah

Guido Zernatto: Die Sonnenuhr

»Der deutsche Friede ruht auf der Unabhängigkeit Österreichs.« Unter diesem Titel erschien am 7. März 1938 ein Zeitschriftenartikel des höchsten Kulturpolitikers des »Ständestaats«. Dieses Plädoyer Guido Zernattos, ab 1936 Staatssekretär in der Regierung Schuschnigg, zeigt das Dilemma der austrofaschistischen Politik, aus den Österreichern quasi die »besseren Deutschen« machen zu wollen und so die Unabhängigkeit zu bewahren. Aber fünf Tage nach dem Erscheinen des Artikels erfolgte der »Anschluß« an Hitlerdeutschland, Zernatto floh, zuerst nach Paris, 1940 nach New York. Zernatto fand sich im Exil emotional nicht zurecht (»dieser Wind der fremden Kontinente / Bläst mir noch die Seele aus dem Leib«), er fühlte sich entwurzelt. Seine Wurzeln, Zernatto stammt aus dem kleinen Dorf Treffen bei Villach, hat er zeitlebens mehrfach dichterisch fixiert – auch in seinem wohl berühmtesten Gedicht »Die Sonnenuhr«.

Die Sonnenuhr an unsrer Kirchenwand blieb stehen.
Es war im Sommer, früh am Nachmittag,
Vom Zaun her warfen die gespitzten Latten
Ins Zittrige der Schwüle ihre langen Schatten,
Und auf dem Kreuze glänzte golden der Beschlag.
Der Zeiger aber, der wie eine Lanze ragte,
Hing frei ins Licht und schien nicht da zu sein.
Dort, wo die Ziffern auf den Stundenschatten harrten,
War nichts wie Licht, und nur die zarten
Goldringe, die das Kreuz warf, zuckten hell im Schein.

Die Bauern waren auf den Feldern draußen.
Der Mesner schlief in seiner Stube unterm Turm.
Kein Mensch begriff. Nur meine Finger wiesen
Gespreizt vor Angst ins Nichts. Dann stießen
Winde ins Tal, und gegen Abend kam der Sturm.

Peter Handke: Gedicht an die Dauer

Nachdem Peter Handke Anfang 1986 sein zentrales Prosawerk »Die Wiederholung« abgeschlossen hatte, machte er sich daran, in einer kleineren Arbeit – er nannte es in einem Interview ein »philosophisch-narratives Gedicht« – einem schwer faßbaren Phänomen auf die Spur zu kommen: der Dauer. Das »Gedicht an die Dauer« nähert sich »der Goetheschen Vorstellung von Dauer im Wechsel« (Pütz). Handke ruft sich Orte in Erinnerung, die bei ihm ein Gefühl der Dauer auslösten, am Ende bleibt das Gedicht als Ort der Dauer. Einer dieser Erinnerungsorte ist ihm der sogenannte Griffener See in der Nähe seiner Geburtsstadt. Man kann der kleinen Handke-Ausstellung, die man im Stift Griffen eingerichtet hat, entnehmen, daß sich der Schriftsteller gegen die Zerstörung des Gewässers durch den Autobahnbau einsetzte und dem damaligen Bautenminister einen Beschwerdebrief schrieb. In dem in einer Lokalzeitung 1986 abgedruckten Brief schrieb er zur Auslöschung dieses »Orts der Stille«: »schlimmere Schreibtischtaten gibt es nicht«.

Den »Griffener See« kennt kein Auswärtiger,
und selbst manche Kinder meines Geburtsdorfs
wissen heute wohl nicht mehr,
daß in ihrer Nähe ein See ist,
von dem es, zwischen den Kriegen,
noch Ansichtskarten gab mit Seerosen
und dem Aufdruck »Griffen am Griffener See«.
Und doch ist die verlandende Lache,
welche bald völlig verschwunden sein soll
– so denken die Trassenplaner der Autobahn –,
ein großer Ort der Dauer für mich.
In der Kindheit begleitete ich den Großvater
dorthin zum Futterschneiden.
Der See lag, jenseits der asphaltierten Durchfahrtsstraße
und dann noch jenseits der geschotteten »Alten Straße«,
verborgen in einer Senke am Fuß jenes Bergs,
nach dem eine Schlacht des Mittelalters benannt ist,
»die Schlacht am Wallersberg«,
und welchen ich immer wieder durchstreifte
auf der Suche nach den verrosteten Waffenresten
aus jenem vierzehnten Jahrhundert.
Wir stießen vom Ufer ab
in einem fast viereckigen Nachen,
der in der Mundart »Schinakel« hieß,
und stakten durch dichtes Schilf hinaus zu der Stelle,
die unser Pachtbezirk war
und wo die grünlichen saftigen Wasserpflanzen standen,
der »Hasch«, ein Lieblingsfressen der Kühe,
eine gute Würze der Milch.

Bei Griffen, im Hintergrund die Südautobahn

Christine Lavant: Das Kind

Ziemlich genau 50 Jahre nach dem Erscheinen von Christine Lavants erstem Prosaband wurde das Originalmanuskript aufgefunden, ein Glücksfall für die Literaturwissenschaft. Im Jahre 2000 konnte »Das Kind« neu ediert werden. Durch die seit einigen Jahren andauernde rege Forschungstätigkeit am Nachlaß eines der wichtigsten Werke der österreichischen Literatur des 20. Jahrhunderts konnten am Bild der Dichterin einige Korrekturen vorgenommen werden. Die Lavant verbrachte zwar ein stilles, zurückgezogenes Leben in St. Stefan im Lavanttal, dennoch nahm sie, wie etwa ihre Briefe zeigen, regen Anteil am kulturellen Leben ihrer Zeit. »Das Kind« zeigt die vor allem als Lyrikerin bekannte Autorin als große Prosaautorin, trotz der Objektivierungen im Text ist die Autobiographie deutlich spürbar: Armut, Krankheit, Außenseitertum, Gefangensein im gebrechlichen Körper, enge ländliche Sozialstrukturen.

In das leise entstandene Mißtrauen hinein, ja förmlich in eine große Verstimmung, beginnt das Kind, das immer am meisten Furcht hat, irgend etwas Unbestimmtes, Verlorenes, das nicht den mindesten Ein-

Heimatmuseum Wolfsberg, alte Volksschulklasse

druck auf die anderen macht, zu zeichnen. Und man denke bloß ja nicht, daß irgend jemand Interesse an diesem Gekritzel hätte. Mein Gott! Wie wird denn auch ein Zuhause von so einer, die immer auf und auf verbunden ist – wer weiß, was für schreckliche Krankheit sie hat?, eine Arme-Leute-Krankheit jedenfalls –, wie wird so ein Zuhause auch ausschauen?

Die Große, die ein ausgesprochenes Gerechtigkeitsgefühl und unleugbar die Noblesse ihrer Schicht hat – wenn sie auch verarmt sind! –, fragt schließlich doch mit einem Anflug von Wärme: »Na, Kleine, was zeichnest denn du da? Hm?« – Nun sehen auch die andern hin. Aber da ist überall Herablassung bis an die äußersten Ränder, wo eigentlich schon der Spott beginnt.

Das verbundene Gesicht um ein weniges tiefer duckend: »Ach, das ist bloß ein Stein!« »Hach!« sagt Pepi – sie hat gestern einen noblen Onkel – Schnellzugkondukteur! – zu Besuch gehabt, und er hat eine Torte dagelassen und Schnitten, viele Schnitten, so daß es ein leichtes war, jedem eine zu geben –, »Hach!« sagt sie, »ihr habt zu Hause wohl bloß Steine – was? Ihr wohnt wohl überhaupt bloß auf Steinen! Und wenn ich hingehe und den Stein aufhebe und wegwerfe, dann habt ihr überhaupt keine Wohnung mehr!«

»Aber wir haben wohl eine Wohnung. Ja bestimmt! – Eine groooße Stube. In der ist alles drin. Ja, eine Nähmaschine auch. Ja, schwör bei Gott! Eine Nähmaschine auch!«

»Na – und der Stein?« »Ja der Stein, der liegt halt bloß so da. Vor der Haustür und wo der Brunnen ist. Und aufheben kann den niemand. Er ist ja so groß und schaut aus wie eine Truhe, wo jemand drin aufgebahrt ist. Und alle, die herausgehen, müssen darauftreten, und – und die Mutter auch – –«

»Jetzt heult sie schon wieder, Liselotte. – Du, wenn du heulst, gehen wir alle hinein und sagen zu der Oberschwester, daß du allein herausgegangen bist. Dann kannst was erleben!«

Ulrich von Liechtenstein: Frauendienst

Der kleine Ort Friesach an der Grenze zur Steiermark wartet mit Superlativen auf: Man wirbt damit, »die burgenreichste Stadt Österreichs« zu sein sowie die größte Kirche Kärntens zu beherbergen. Friesach war in der ersten Hälfte des 13. Jahrhunderts kirchlich und wirtschaftlich gesehen der bedeutendste Ort des gesamten innerösterreichischen Raumes, noch vor Wien oder Graz. Die »große Vergangenheit« – Friesach war Residenzstadt der Salzburger Fürsterzbischöfe – ist in der ganzen Stadt spürbar. Das Mittelalter-Image wird intensiv gepflegt, etwa mit Ausstellungen oder »Burghofspielen«. Der Dichter Ulrich von Liechtenstein verlegt den Höhepunkt seines Versromans sehr bewußt hierher, wobei es sich den höfischen Gepflogenheiten des Hochmittelalters gemäß um ein großes Turnier handelt. Ulrich läßt für dieses Gepränge Ritter und Fürsten aus ganz Mitteleuropa zusammentreffen – es sollte der Schlichtung eines Streits zwischen dem Herzog von Kärnten und dem Markgraf von Istrien dienen, der Babenberger-Herzog tritt als Vermittler auf. Wurde auf dem Wiener Kongreß 1814/15 angeblich viel getanzt, so wurde auf dem Friesacher Turnier 1224 tagelang gekämpft – bis zur völligen Erschöpfung.

Der turnei wert gar al den tac,
daz niemen anders niht dâ pflac,
swi mans began doch harte fruo.
dô seige ouch nu der âbent zuo.
die helme man dô gar ab bant:
wir zogten alle sâ zehant,
der sus, der sô, hin in die stat.
dâ war bereit manc schœnes pat.

Di ritter padeten bî der naht.
vor müede manger hete unmaht:
man pant den dort, man salbt den hie,
dem dort die arm, dem hie diu knie.
vor slâfe was dâ maneger tôt:
der ander von gedanken nôt
leit, er dâht sô ‚wie hân ich
hiut hie gevarn! des wundert mich.‘

Inszeniertes Mittelalter: Friesach

Die naht dâ manger sanfte lac.
mit freuden kom der ander tac.
dô muosten den ze den juden varn
di al di dâ gevangen wârn.
man sach si setzen al zehant
vil maneger hand kostlîchez pfant.
die dâ gewunnen heten guot,
die wâren vrô und hôch gemuot.

Der fürst Liupolt von Œsterrîch
sant sâ nâch dem von Ysterrîch
und ouch nâche dem von Kerndenlant:
er suont si beide aldâ zehant.
die fürsten er ze süenen pflac
mit sprâche unz an den dritten tac.
dô riten dan die fürsten rîch,
mit in von dan gar männiclîch.

Das Turnier dauerte den ganzen Tag, und niemand konnte da anders tun, denn man begann schon recht zeitig. Da neigte sich der Abend nieder, die Helme wur-

den daher abgebunden. Wir zogen dann alle, der so, der anders, rasch in die Stadt, wo man manch wohltuendes Bad vorbereitet hatte.

Nachts badeten die Ritter, mancher war völlig erschöpft, den einen verband, den anderen salbte man, dem einen den Arm, dem anderen die Knie. Viele waren todmüde, manchen quälte der Gedanke an seine Not, er dachte: ›Wie ich heute kämpfte, das wundert mich sehr.‹

In der Nacht schlief mancher sehr tief, mit Freuden kam der nächste Tag. Da mußten all die zu den Juden gehen, die gefangengenommen worden waren. Man sah sie kostbares Pfand als Einsatz geben, diejenigen, die wertvolles Gut gewannen, waren frohen Mutes.

Fürst Leopold von Österreich sandte nach dem von Istrien und auch nach dem von Kärnten: Er söhnte beide rasch aus, mit Gesprächen gelang ihm die Aussöhnung an diesem dritten Tag. Dann ritten die vornehmen Fürsten von dannen, mit ihnen viele Ritter.

(Übersetzung: Wolfgang Straub)

Paracelsus: Chronica und Ursprung dieses Lands Kärnten

Der rastlose Mediziner Theophrastus von Hohenheim machte auf seinem Wanderleben zweimal in Kärnten Station. Erstmals kam er als Kind um 1502 mit seinem Vater aus der Schweiz nach Villach, drei Jahre vor seinem frühen Tod suchte er erneut Kärnten auf. Er dürfte weit im Land herumgekommen sein, weil er, wie seine zu Lebzeiten unpublizierten, sogenannten Kärntner Schriften belegen, über ein umfassendes Wissen vom Land verfügte. Paracelsus, wie er sich in seinen Schriften stets nannte, vertrat eine reformatorische, von Theologie und Alchimie durchzogene Medizin.

Da er sich leidenschaftlich mit Erzen und den »Bergkrankheiten« der Knappen beschäftigte, fand er in Kärnten ein reichhaltiges Betätigungsfeld: Vielerorts wurde Bergbau betrieben; bereits im 16. Jahrhundert war Hüttenberg einer der bekanntesten Bergwerksorte. Erst 1978 wurden hier der Bergbau und die Verhüttung endgültig eingestellt, mit seinem Montanmuseum und dem Schaubergwerk ist Hüttenberg Kärntens bedeutendster Zeuge der großen Bergbaugeschichte des Landes.

Schaubergwerk in Hüttenberg

Es beweist sich auch, daß dies Land Kärnten mit Künsten die ersten in diesem deutschen Land gewesen seind, was da antroffen hat die Metallen, die Vitriolerz und dergleichen. Dann ältere Bergwerk mögen die Chroniken nit anzeigen, sonder seind erstlich in diesen Landen gelernt worden und dann in ander Länder getragen und dem nachfolgends in anderen Ländern auch Bergwerk gefunden worden und nach dem Kärntischen Brauch in das Werk gebracht. (…)

Auch sind mancherlei Bergwerk in diesem Land, mehr dann in anderen. Zu Bleiberg ein wunderbarlich Bleierz, das nicht allein *Germaniam*, sondern auch *Pannoniam, Turciam* und *Italiam* mit Blei verlegt. Desgleichen auch Eisenerz, zu Huttenberg und in seiner Confin, mit sonderem fürtrefflichem Stahel mächtig begabet. Auch viel Alaunerz, die zu bauen gewendt werden. Item Vitriolerz mit hoher Gradierung, Golderz und Waschwerk, auch treffentlich fürgehend, das sich wunderbarlich zu S. Paternions gefunden hat. Item das Erz Zinken, der weiter in Europa nit gefunden wird, ein gar fremdes Metall, sonderlich seltsamer denn andere. Hat auch treffenliches Zinnobererz, das ohn Quecksilber nit ist. Item mancherlei Goldkies, mancherlei Marcasiten, auch weiß, rot und schwarz Talken. Auch in alten Kärnten, als in Lungeu, zu Zeiten Granaten gefunden werden, samt anderen dergleichen Gestalt, die nit aller zu nennen sind. Und so die Berg in Kärnten möchten als ein Kasten mit eim Schlüssel aufgetan werden, wo möchte man größeren Schatz finden? Und dieses alles ursacht auch, daß vielerlei Auguristen, *divinatores, vitones, geomantistae, crystallistae* und solche *vates* im Lande sein, die da solche Kunst in Kristallen, Ruten und andere Wege gehen, ob etwas möchte gefunden werden. Aber Gott hat den *periodum* gesetzt, den niemand übertreten mag und dem die Künst nit schaden mögen.

Winfried Gindl: Der Rest der Welt

Kommt man nach Klein St. Paul von Süden her, verwundern bei näherer Betrachtung die Arbeitersiedlungen in dieser ländlichen Umgebung. Der Ort verfügt auch über ein »Werkskulturhaus«. Verläßt man den Ort Richtung Norden, löst sich das Rätsel nach wenigen Kilometern auf: Ein riesiges Zementwerk ist der Arbeitgeber der Region. Auch der Vater des Schriftstellers Winfried Gindl arbeitete im »Werk«, was seiner Gesundheit nicht zuträglich war. Seine autobiographischen »Geschichten aus Irgend- und Nirgendwo«, so der Untertitel, rahmt Gindl mit der dörflichen Herkunft: »Es war einmal ein Dorf«, hebt das Buch an, der folgende Abschnitt bildet den Abschluß.

Das Dorf

Das Dorf ist ein Tier.

Das Dorf war meine Mutter. Ich habe in ihm gelebt.

Das Dorf war meine Welt. Im Dorf ist alles und außerhalb vom Dorf ist noch einmal alles.

Zuerst war das Dorf kein Dorf. Es war ein Gesicht und es war etwas Weißes und Rotes und Blaues und Gelbes, es war Luft auf meiner Haut, es war kalt und es war warm, es war unangenehm und es war wohlig und beruhigend, es stank und es duftete, es war weich und es war hart, es war naß, es tat weh und es kitzelte, es war laut und es war leise, es war fremd, es war interessant, es war ein Wunder und es machte mich glücklich. Dann wurde das Dorf ein Raum und eine Frau und noch eine Frau, eine Unendlichkeit um mich, von der mir schwindlig wurde, und eine kleine Frau und ein Kind und ein Mann, die mich hielten, daß ich nicht in die Unendlichkeit fiel. Und ich wurde Hände und Beine und Nase und Bauch. Und die Frau wurde die Mutter und die andere Frau die Oma und die kleine Frau die Schwester und das Kind der Bruder und der Mann der Vater und es wurden die Gegenstände und das Zimmer und das Drinnen und das Draußen und das Lachen und das Weinen. Das alles wurde nach und nach das Dorf. Zuerst die Mutter, dann die Mutter und ich, dann die Oma und die Geschwister und der Vater und die Wohnung und alles, in dessen Nähe wir kamen. Dann wurden auch Fremde das Dorf. Es wurde der Hof. Auch der Hof wurde das Dorf.

Dann kam das Hinterm-Haus dazu, dann die Mauern des Wohnblocks und der Wohnblock selbst. Dann alle Nischen und Sträucher um den Wohnblock, dann des Nachbars Garten und der Keller des Wohnblocks.

Schließlich kamen die Straße und die Wege zum Dorf, die Hügel und alle Bäume und Wäldchen, die Wiesen und die Obstgärten, die Bäche, alle Häuser, der Eislaufplatz, das Freibad, die äußeren Siedlungen, die Burgruine, der Hauptplatz, die Berglein um das Dorf. Selbst die Geschäfte wurden ein Teil des Dorfes. Und zuletzt die Gasthäuser.

Dann war das Dorf das Dorf. Und ich war sein Kind.

Das Dorf hatte mich (endlich) geboren. Jetzt erst sah ich, daß die

Klein St. Paul

Straße in beiden Richtungen aus dem Dorf führte. Da wurde das Dorf mißtrauisch mir gegenüber. Ich wollte das nicht wahrhaben, aber ich spürte es. So brachte mich das Dorf zur Welt. Ich verstand, daß die Straße zu anderen Dörfern führte und daß auch hinter den Bergen andere Dörfer waren. Diese Erkenntnis verzieh das Dorf mir nie. (Und ich verstand auch, daß hinter diesen Dörfern und Bergen immer wieder Dörfer und Berge waren und daß von den anderen Dörfern immer wieder Straßen zu anderen Dörfern führten. Und deshalb verstand ich auch, daß in unzähligen Häusern und Straßen und Dörfern und Städten und Ebenen und auf unzähligen Bergen und neben unzähligen Flüssen und Seen und Meeren unzählige Menschen lebten. Und diese Erkenntnis machte mich zum Feind des Dorfes. Ich wollte das aber nicht begreifen und nicht glauben, ich verbarg es vor mir.

Ich hatte dem Dorf nichts getan, glaubte ich.)

Ich liebte das Dorf. Ich wählte es aus unter allen Dörfern und Städten, die es gibt.

Aber das Dorf verweigerte mir die Nahrung. Ich sagte mir: Es ist ein armes Dorf. Ich habe im Traum die Welt verstanden. Ich werde ausziehen und Geld erwerben. Damit werde ich zurückkommen.

Es ist mein Dorf. Auch wenn ich weggehe, bleibe ich sein Kind. Alles, was hier ist, hat etwas von mir, und ich trage das Dorf in mir. Mein Herz bleibt im Dorf und ich kehre ins Dorf zurück. Dann werden wir wieder vereint sein.

Fabjan Hafner: Kuh

Peter Rosei beschrieb 1973 die soziale Situation im Drautal drastisch: »Die Bevölkerung zerfällt in zwei Gruppen, in eine, die deutsch, in eine, die slowenisch redet. Der Vernichtungskampf, der von beiden Seiten durch die Jahrhunderte mit unerbittlicher Härte geführt worden ist, dauert an.« Das sind harsche Worte, es war die Zeit des »Ortstafelsturms« (1972). Die politischen Fragen des Zusammenlebens der beiden Sprachgruppen sind nach wie vor brisant; in poetischer Hinsicht kann Zweisprachigkeit nur bereichernd sein. Der Übersetzer und Lyriker Fabjan Hafner ist in der von Rosei angesprochenen Gegend beheimatet (in

Feistritz im Rosental/Bistrica v Rožu), er dichtet in beiden Sprachen. Hafner gießt die Eindrücke seiner Umwelt in faszinierende Bilder, seine Gedichte lassen dem Leser großen Spielraum für eigenes Fortspinnen, sie treten »mißtrauisch und virtuos vorschnellen Zuordnungen entgegen und verzichten lieber auf schlüssige Ausdeutungen« (Kucher). Hier führt uns Hafner eine Variation »tierischer Liebe« vor, in der assoziativen Spannbreite zwischen der üblichen schnöden Fleischverwertung und der göttlichen Hera, der Kuhäugigen.

KUH,
gewaltiger
Leib, lamm-
fromm, im Stall-
dunkel geboren,
voll Vertrauen folgst du
jedem Kettenruck, selbst auf deinem letzten Weg,
zum Fleischer, nach Feistritz.
Nur manchmal streichelst du
mich mit deinen Hörnern, damit ich nicht vergesse,
daß du mich nur deshalb nicht aufspießt, weil du mich
liebst.

KRAVA,
orjaško
telo, po-
hlevna, v
temi hleva
rojena, zaupljivo
slediš slehernemu vleku
verige, še na svoji poslednji poti,
v mesto, k mesarju.
Včasih pa me pobožaš
z rogovi, da ne pozabim,
da me le ne prebodeš, ker me
ljubiš.

Das Partisanendenkmal vor dem Peršmannhof

Marie-Thérèse Kerschbaumer: Briefe einer Gefangenen an die Mit- und Nachwelt

Zehn Kilometer hinter Bad Eisenkappel/Železna Kapla liegt über dem Ortsteil Koprein in idyllischer Einzellage der Peršmannhof. Aber die Besucher kommen nicht wegen der schönen Landschaft und dem wunderbaren Ausblick hierher, der Peršmannhof ist eine der wichtigsten Erinnerungsstätten des Partisanenkampfs gegen die NS-Besatzung; hier wurde 1983 ein an anderer Stelle 1953 zerstörtes, im Stile des sozialistischen Realismus gehaltenes Denkmal aufgestellt. Der Peršmannhof ist vor allem aber ein Mahnmal: Ende April 1945 ermordete hier eine SS-Polizeigruppe elf Personen jeglichen Alters. Das Gedicht Marie-Thérèse Kerschbaumers, das an dieses Massaker erinnert, gehört zum Komplex von »Der weibliche Name des Widerstands« (1980), jener »Sieben Berichte«, die Lebensläufen von weiblichen Opfern des Faschismus nachforschen. In diesen »Briefen« lyrisiert Kerschbaumer Abschnitte aus ihren »Berichten«, sie paraphrasiert Lieder und nimmt, Kennzeichen ihrer Lyrik, spielerisch verschiedene – auch archaische – Formen auf.

– wer hat den Mord begangen am Perschmannhof?
– wer hat die Bewohner des Gehöfts
13 MENSCHEN/
zusammengetrieben//WER//?
den Bauern
die Schwester
ein halbwüchsige Magd DIE GROSSMUTTER!
die Kinder
die Kinder des Bauern die seiner Schwester
die Kinder
und einige Kinder des Nachbarn
das Jüngste neun Monate alt
/DAS JÜNGSTE NEUN MONATE ALT/
/wer hat sie vor der Eingangstür zusammengetrieben?/
/wer gab den Leuten das Zeichen?//
/wer hat geschossen?//
wieviele
fielen
gleich
wieviele
versuchten ent/setzt/
ins Haus ZU FLIEHN//
wieviele
schon angeSCHOSSEN er/
reichten den schüt/er/
reichten den schüt/
reichten den
schützenden//!
/?erreichten den schützenden Hausgang?/
eng und lang/der hölzerne Gatter/
die ausgewaschenen Bohlen/

der Duft nach Kernseife/die Astlöcher/das ererbte/
Zimmer und Zieren/
der HÄUSER!!

wer verfolgte und tötete die Menschen
im Hausflur und in
der Küche!
MEIN FLEISCH & BLUT?//
mein Fleisch & Blut?
wer hörte das angstvolle Wimmern des kleinen Gott/fried
(mein Fleisch & Blut?)
wer schickte hinter die Ofenbank
EINE(!!)//SALVE(!!)//
(eine Salve)
SAL/Veeeee .....
daß es totenstill war
toten/
STILL/
sage ich

wem bricht
das Herz
nicht
wenn er dies aufschreibt//
wenn er dies aufschrei-t//

Zell-Pfarre / Sele Fara

Gustav Januš: Unser Dorf

Für die Literatur Kärntens beider Sprachen scheint der Fokus auf die dörfliche Welt ein wichtiges Charakteristikum zu sein. In der slowenischsprachigen Literatur des Landes haben Florjan Lipuš und Gustav Januš wichtige Beiträge zur künstlerischen Auseinandersetzung mit dem Dörflichen geliefert. Der Maler und Lyriker Januš ist in einem Dorf geboren, Zell-Pfarre / Sele Fara am Fuße der Koschuta, und lebt in einem kleinen Dorf im Rosental. Daß dieser Fokus alles andere als Provinzialität bedeutet, hat auch Peter Handke betont: In der Literatur Januš' »bekommt dann ein Wort wie ›Welt-Literatur‹ vielleicht wieder Sinn«. Dem Eingeweihten mag »Unser Dorf« erkennbar sein, aber das Dorf wird hier zur Welt.

An die weiße Wand habe ich
das Bild unseres Dorfes gehängt.
Schön ist es, unser Dorf.
In der Mitte steht
die gotische Kirche
und um sie herum

dichtgedrängt
gelbe, weiße und grüne Häuser,
und in jedem Haus lebt jemand:
Im gelben dort eine Familie
mit fünf Kindern.
Im Vorjahr stieß ihnen ein Unglück zu:
Irgend jemand überfuhr die Katze,
die alle so gern gehabt hatten.
Im grünen dort eine Familie
mit zwei Kindern, einem Buben
und einem Mädchen, wie sich das Mutter
und Vater gewünscht hatten.
Alles sind glücklich,
denn sie haben alle denselben Geschmack:
Alle essen nämlich sehr gerne
Schweinsbraten.
Und im weißen Haus dort ist das Kaufhaus.
Dort kann man alles kaufen, was man
zum Leben braucht,
zu Allerheiligen Kerzen und Grablichter,
zu Weihnachten Christbaumschmuck und
zu Ostern Osterhasen, mit
denen sie Pech hatten,
denn zwei fielen zu Boden
und zerbrachen, sie waren
halt aus Schokolade.
Und noch ein anderes gelbgetünchtes Haus
ist auf dem Bild zu sehen:
das Dorfwirtshaus.
Weil es in der Nähe der Kirche steht,
kehren dort nach der Messe viele Leute ein,
die dort trinken und singen: am liebsten
Lieder über die Liebe,
den Acker, das Gläschen Wein
und über die Jugend.

Schade nur, daß um Mitternacht
Sperrstunde ist.
Alle Dörfler gehen in die gotische Kirche
mit dem Barockaltar nicht nur
zur Messe und zur Beichte,
sondern auch sehr gern zu Trauungen.
Nur wenn jemand stirbt,
muß man ihn hin tragen.
Und ganz hinten sieht man auch
die Linde, die schon über
dreihundert Jahre alt sein soll.
Hohl ist sie schon und morsch,
und man wird sie fällen müssen.
Schade für unser Dorf.

III. Villach, Klagenfurt und der Wörthersee

Klagenfurt, Lindwurmbrunnen

Humbert Fink: Villach: dreisprachiges Universum

In seiner »Begegnung mit Kärnten« (1987) betrachtet der Reiseschriftsteller und Journalist Humbert Fink Villach von oben, von der sogenannten Genottehöhe, und sieht nichts Erfreuliches: Diese Agglomeration sei ein »erschreckendes Beispiel dafür, wie sogenannte praktische Gesichtspunkte und die gedankenlose Anwendung eines sogenannten zeitgenössischen Baustils eine Stadt zwar quantitativ vergrößern, aber qualitativ unendlich beeinträchtigen können«. In einem Artikel aus dem Jahre 1970, Fink lebte damals in der Stadt, fiel sein Blick auf Villach noch viel positiver aus, er setzte sich darin allerdings nicht mit dem architektonischen Erscheinungsbild, sondern mit der topographisch günstigen Lage in der Dreiländerecke Österreich / Slowenien / Italien auseinander. Dieses »Universum« macht für ihn die Lebensqualität Villachs aus.

Unsereins, in Villach und an einer Dreiländergrenze lebend, lächelt gelegentlich über die bilateralen Kunststücke mancher Politiker, die sie in der lärmenden Arena der Tagespolitik zugunsten einer sogenannten Koexistenz der Völker aufführen. Indes sie nämlich mit unerhörtem Ernst und der unerläßlichen Würde einander versichern, alles Trennende vergessen zu wollen und die aus der Historie resultierenden Abgründe, die ja anscheinend unvermeidlich sind im abwechslungsreichen Nebeneinander der Völker, überbrücken zu helfen, rückt unsereins an den rohen Holztischen der Wirtshäuser Sloweniens und Friauls ein wenig zusammen, und die hier geführten bilateralen Verhandlungen beschäftigen sich bestenfalls mit den steigenden Fleischpreisen hüben und drüben oder mit dem fatalen Umstand, daß alljährlich im Sommer die Touristen aus Deutschland und Wien mit ihren kruden Fahrkünsten die Straßen hüben wie drüben verunsichern. Oder ein anderes Beispiel: Und wieder zerreißt die Kirchtagsmusik jetzt im Sommer die Luft, lärmt das Blech der Instrumente durch die hitzegeschwängerten, dunstigen und sonntäglich aufgeputzten Dörfer und Vororte rund um Villach und trifft sich die Verwandtschaft vor den Tanzböden in den schattigen Gastgärten. Aber welch eine Verwandtschaft! Vor ein paar Tagen erst saß ich inmitten einer beträchtlich angeschwollenen Familie anläßlich eines die-

In Villach

ser unvermeidlichen und wunderbaren Kirchtage beim Wirt auf der Tscheltschnighöhe – vor etwa 70 Jahren hat man für den Platz die »deutsche« Bezeichnung Genottehöhe aufgebracht –, und da gab es Onkel und Tanten und Basen und Neffen aus Ljubljana, Gorizia, gab es da dazugeheiratete Verwandte aus dem Krainischen, Friaulischen, und sogar einen Münchner gab es, der im slowenischen Kranj geboren worden war, eine Lehrerin aus dem italienischen Malbourghet geheiratet hatte und dessen beide Buben jetzt diesen breiten bajuwarischen Dialekt reden ... Ist das eine Koexistenz? Hier zu Villach auf der Tscheltschnighöhe, Pardon, auf der Genottehöhe?

Man soll dem Volk, so sagt man, aufs Maul schauen, um zu wissen, was es denkt ... Und verwenden wir dieses Sprichwort im kulinarischen Sinn, dann entdeckt man sehr rasch diese ebenso merkwürdige wie zähe Verbundenheit mit den Leuten von der anderen Seite der Karawanken und Karnischen Berge. Allein hier in meinem Villach wüßte ich einige hundert Familien, die wenigstens einmal in der Woche ihre dampfenden Spaghetti auf dem Tisch haben und als Nachtisch etwa in Tarvis eingekaufte Pfirsiche genießen, während in der Weinkaraffe dieser vollmundige »Hamburger Muskat« funkelt, den man zwischen Krajnska Gora und Jesenice in jedem besseren Wirtshaus erhält. Oder ich könnte von den Einkaufszügen erzählen, die viele Kartner Familien hinein ins Slowenische unternehmen, wo das Fleisch bis vor kurzem nicht nur von besserer Qualität, sondern auch ungleich billiger war als in Kärnten. Und wer unseren jungen Mädchen und Frauen ein wenig schärfer auf die Röcke und Füße schaut, wird bald feststellen können, daß vieles an ihnen aus Tarvis oder Resiutta stammt, diesen Umschlagplätzen italienischen Ramsches, die von Kärtnern und Slowenen leben.

Natürlich sollte man sich davor hüten, aus solchen Details eine allgemeine und endgültige Verbrüderung, ja Verschmelzung von drei immerhin recht unterschiedlich gearteten Völkern ableiten zu wollen, aber immerhin kann man aus dieser hierzulande zur Gewohnheit gewordenen Austauschbarkeit der Eß- und Einkaufssitten doch einiges herauslesen über die Ähnlichkeit, wenn nicht gar Gleichheit der Menschen hüben und drüben. (…)

Nehmen wir noch einmal meine Heimatstadt, Villach. Man sagt, daß das Lächeln dieser Stadt von so südlich-romanisch-slawischer Zugeneigtheit sei, daß dem übrigen Land nichts anderes übrigbliebe, als in dieses Lachen miteinzustimmen. Und daß der Himmel hier schon jene andere, intensivere Bläue demonstriere, die man für gewöhnlich erst einige Eisenbahnstunden weiter südlich vorfinde. Und daß Lebensart und Lebenslust zwar nicht gerade romanisch oder slawisch wären, aber keinesfalls auch so rein deutsch, keinesfalls so deutschnational, wie manche Unentwegte dies wahrhaben möchten. Wer sich beispielsweise hineinverirrt in die Friedhöfe dieser einerseits unvergleichlichen und andererseits doch auch wieder banalen Stadt, dem gerät erst recht die ganze Wahrheit vor die Augen: denn kaum anderswo auf einem Friedhof entlang den österreichischen Grenzen wird er so viele Namen slawischer, romanischer und deutscher Provenienz friedlich nebeneinander entdecken können wie hier. Und andererseits wiederum soll es hierorts Bürgermeister gegeben haben, deren slawischer oder besser: slowenischer oder eigentlich: windischer Akzent ihre deutsche Aussprache erst charmant hat werden lassen, während wiederum einige der geschickteren Geschäftsleute dieser Stadt immer noch einer besonderen Art der Italianità huldigen, ganz zu schweigen von manchen jungen und bezaubernden Mädchen, denen Italiens Zöllner und Kaufleute ins Auge stechen. So kann man also schon sagen, daß dieses Villach ein kleines und buntes und dreisprachiges Universum darstelle, eine Welt im kleinen, en detail, en miniature, einen winzigen Kosmos. Und immerhin – und man vergesse nicht, daß daraus erst das wahre Niveau einer Stadt, einer Landschaft zu rekonstruieren ist –, immerhin hat man hier Kirchtag und Fasching. Jenen im Sommer unter einer heftigen herabprallenden Augustsonne; diesen im klirrenden Winter. Beide aber säumt dieses Tor zum Süden auf nahezu beneidenswerte Art und Weise, weil beide von dieser friedlichen Internationalität sind, um die uns alle Welt beneidet.

Werner Kofler: Guggile

Werner Koflers Literatur ist nicht zu trauen; sie wörtlich zu nehmen hieße dieser hohen Kunst der Satire auf den Leim gehen. Dennoch sind die Texte Koflers von seltener Treffsicherheit und Präzision – hier trifft er sich mit seinem »Nachbarn Karl Kraus« (Amann). Auch in »Guggile« sind, so Kofler im Vorspann, »alle personen, orte und begebenheiten wahrheitsgemäß ›erstunken und erlogen‹«. Und dennoch: »Alle Namen sind wirkliche Namen, alle Orte sind wirkliche Orte«, wie der Verlag zum Erscheinen des Buches 1975 treffend formulierte. Der Ort seiner Kindheit und Jugend, das Villach der fünfziger und frühen sechziger Jahre, tritt dem Leser in dieser »Materialsammlung aus der Provinz« (Untertitel) lebendiger gegenüber, als er dies von vielen konventionellen Autobiographien her gewohnt ist. So ist »Guggile«, wie sich Klaus Amann ausdrückte, »wahrlich das Villacher Heimatbuch« und zugleich »so etwas wie das Modell einer Geschichte vom Erzogenwerden in den 50er und 60er Jahren in Österreich.«

villacher stadtgeflüster

– »auf der gerlitzen« sei *das* passiert, in einer heuhütte, im winter. ein zahnarzt aus villach, der name tue ja nichts zur sache, ein villacher zahnarzt jedenfalls und eine junge frau, nicht seine frau, sondern ein »junges mensch halt, nix wert ...«. skifahr'n, angeblich, skifahrn auf der gerlitzen. skifahrn, ja, zu zweit in einer heuhütte, hä hä ... eine entlegene heuhütte; klar, wenn man weiß was sich gehört .. das komme davon.

Villach, Fußgängerzone im Zentrum

(eine entlegene heuhütte.) jedenfalls, er habe *ihn* nicht mehr »rausgekriegt«: krampf. einen krampf habe sie –, plötzlich habe sie im besagten organ einen krampf bekommen. nichts mehr zu machen. steckengeblieben. eine entlegene hütte. ein kalter winter. stundenlang hätten die beiden gerufen, um hilfe gerufen … eine entlegene hütte. zufällig sei jemand vorbeigekommen. endlich, peinlich. das rote kreuz sei alarmiert worden (für was das rote kreuz auch herhalten müsse ...). zwei männer haben die beiden in einem akja zur bergstation der kanzelbahn gebracht. das komme davon. in eine eigene gondel (eine gondel fasse sonst vierzig leute) seien der zahnarzt und seine freundin verfrachtet worden. »eng umschlungen«, har har. müsse liebe schön sein. vor der talstation habe schon ein rettungswagen gewartet, im rettungswagen seien die beiden ins villacher landeskrankenhaus gebracht worden. (die erklärungen der situation, des herganges jedesmal ...) eine so eine schande. ein villacher zahnarzt. (und dann die frau, nicht, die gattin, was die wohl dazu gesagt habe zu der ganzen g'schicht zu der feinen ... ja ...)

die welt ist eine villacher geschäftswelt. die welt meines vaters, »seine welt«, eine villacher geschäftswelt. (auf daß es mir wohlergehe, hätte auch meine welt die villacher geschäftswelt sein sollen, ich habe mich aber frühzeitig schon gegen eine spätere villacher-geschäftswelt-mitgliedschaft entschieden.) die villacher geschäftswelt wiederum ein ganzes aus verschiedenen miteinander und untereinander konkurrierenden teilen, eine konkurrenzwelt mit dem jedoch allen teilen gemeinsamen bewußtsein, gemeinsam, gemeinsam sind wir stark, eine verteidigens- und ausbauenswerte villacher geschäftswelt zu bilden:

die welt meines vaters, eine villacher geschäftswelt: warmuth (konkurrenz), samonig (»samonig am samonig-eck«, konkurrenz), tomsche (»kauf was gutes kauf bei tomsche«, konkurrenz), scharschön und moser (konkurrenz); ferner: klein und lang, kaspar und poltnig, simon und garfunkel, schirme vecellio, hüte tosoni, uhren fleischhacker, blumen richter, elektro scharf, der bessergestellte teil der villacher geschäftswelt ist mir als »hot-wolé« dargestellt worden – »die hot-wolé, nicht wahr, die feinen ... die feinen leute ...«. hervorragenden vertretern der villacher hot-wolé – wirth etwa (holz; reichster) oder bader (kuranlagen warmbad; zweitreichster) oder feltrinelli-drauland (holz) – hat mein vater, der sich selbst der villacher hot-wolé gerade noch zugehörig begriffen hat, allergrößte bewunderung entgegengebracht: »eine feine frau ...« »sehr feine leute« ... »ja was glaubst du die frau wirth ist eine feine dame ...« oder, später, beim fernsehn (wenn der betroffene auch kein mitglied der villacher, sondern der wiener hot-wolé ist): »ein feiner mann, der portisch, ein feiner mann ...«

umwelt. lind, in villach – lind, einem von der übrigen stadt, vom übrigen und eigentlichen villach durch das hauptbahnhofsgelände getrennten wohnviertel von dörflicher struktur (in der »haupt«-, der rennsteinerstraße unser geschäft, das »linder kaufhaus«), in lind wohnen zum großen teil eisenbahner und postler und andere werktätige. eisenbahner + postler + andere werktätige haben dort in schäbigen wohnblocks – in den »steinerhäusern«, den »personalhäusern« und in der »neuen heimat« – gewohnt: eine eisenbahner- und postler- und, vor allem, mir beigebracht, eine kunden-, »kundschaftn«-*umwelt*, durch die ich höflich und grüßend – »'sgott! 'sgott!« – zu gehn hatte.

Alois Hotschnig: Ludwigs Zimmer

Landskron hat heute die Anmutung eines Vorortes von Villach, eine reine Wohngegend, einige Arbeitersiedlungen. Zwei Dinge dominieren den Ort: die große Ruine, mit einem großen Restaurant und weiter Aussicht – eine beliebte Ausflugsdestination –, und die Nähe zum Ossiacher See, dem See der Villacher. Hierher kommt der Ich-Erzähler in Hotschnigs Roman, um eine Erbschaft – ein altes Haus – anzutreten. Wie in fast allen seinen Texten rollt Hotschnig die Geschichte »von hinten« her auf, hier ist es allerdings nicht nur die Nähe des Todes, sondern auch ein Geheimnis, das in dem Haus bzw. in »Ludwigs Zimmer« steckt und in die Vergangenheit führt.

Ich hätte nicht herkommen sollen, schon damals als Kind nicht, es half nichts, der Onkel, der Großonkel eigentlich, hatte gerufen, man hatte zu kommen und kam. Anna und er hielten Hof und zitierten mich und die Eltern zu sich, wie die anderen auch, die ganze Verwandtschaft, die ganze Verwandtschaft mit Kindern, einmal im Jahr, zweimal, für die Eltern ein Muß, eine Ehre, und eine Last für die Kinder, *nach Landskron hat man sauber zu fahren, ordentlich und gepflegt*, also kamen wir ordentlich an und gepflegt, aufgeputzt für die Fotos vom On-

Am westlichen Ossiachersee

kel. Der Onkel lud ein und hielt Hof und holte sich so die ganze Verwandtschaft ins Haus, die *Kinderverwandtschaft*. Was keiner wußte, war, daß er schon damals nach einem Erben suchte und sich also die *Anwärter* ins Haus holte und vor Augen führte. Man konnte nicht früh genug damit anfangen, hat er mir später gesagt. Der wirkliche Grund dieser Einladungen war keinem bekannt. Der Vorgang war immer derselbe, irgendwann nahm mich der Onkel am Arm und führte mich aus dem Haus und in mehreren Runden um das Haus herum. Ich will sehen, wie du dich entwickelst, wie ihr alle euch entwickelt, sagte er dann. Auf meinen Fotos kommt alles heraus, meinen Fotos entgeht nichts, sagte er und führte mich die Hauswand entlang auf der Suche nach der für mich und mein jeweiliges Alter geeignetsten Stelle, an der blieb er stehen und stellte mich dort an die Wand und ließ mich dort stehen, endlos, vor sich, dann führte er einen Finger zum Mund, immer gleich, den machte er naß und strich mir damit eine Haarsträhne aus der Stirn, immer gleich, und ob sie nun da war oder nicht, und tippte mir mit seinem Finger auf die Stirn und drückte mir den Kopf gegen die Wand hinter mir und trat ein paar Schritte zurück und betrachtete mich aus der Entfernung und drückte und drückte nicht ab, und dann doch, endlich hat er alles gesehen, endlich war ihm nichts mehr entgangen, endlich war ihm meine Entwicklung bekannt und stand frei vor ihm da, und er drückte ab.

Vor den Villachern muß ich Sie warnen, sagte die Villacherin und stellte sich als eine Nachbarin vor. Am Tag vor Annas Begräbnis stand sie plötzlich im Raum. Von den Leuten, die sich um Anna gekümmert hatten, waren mir die Schlüssel zum Haus verweigert worden, zu vieles sei ungeklärt und erst noch zu klären, also hatte ich die Schlösser ersetzen lassen und mir so Zutritt verschafft. Ich war noch keine Stunde im Haus, und schon war ich aufgespürt in meinem Versteck.

Vielleicht wissen Sie nicht, dieses Haus gehört vielen, zumindest scheinen das viele zu glauben, aber das merken Sie noch, sagte sie, vor den Leuten hier muß man sich hüten, Sie kennen die Villacher nicht. Sie sind also der Erbe, wissen Sie, man erzählt sich hier nicht viel über Sie, nicht viel Gutes, die Leute hier sind besorgt, so vieles ist offen, was nun wird mit dem Haus und dem Wald und dem Grund und mit allem. Sie tragen sich doch hoffentlich nicht mit dem Gedanken, sich in Landskron niederzulassen, sagte sie, tun Sie nur das nicht. (...)

In welchen Teil der Stadt hat man Sie denn hingeerbt?

Landskron.

Landskron hat keinen Friedhof. Die Villacher wollen in Villach nicht begraben sein, alle wollen sie auf die Friedhöfe der umliegenden Orte, und alle landen sie hier.

Vielleicht möchte ich Sie wiedersehen, sagte ich zu der Frau, wo kann ich Sie finden?

Feld IV, Reihe 9, Bank 2, sagte sie. Aber Sie sind noch zu jung für den Friedhof, und für diesen Ort mache ich den Lockvogel nicht.

Mit Landskron habe ich mir meinen Ort ausgesucht, von hier gehe ich nicht mehr zurück. Ein Raum in dem Haus hat seit jeher gewartet auf mich, ich bin hinein in das Haus und die Treppe hinauf in den Gang, der jetzt zum erstenmal wieder so lang und so hoch war wie seit der Kindheit nicht mehr, durch den Gang an den übrigen Kammern vorbei zu dem Raum, der es mir seit der ersten Begegnung mit diesem Haus wie kein anderer angetan hatte. Die Tür war verschlossen.

In Landskron muß man sich alles nehmen, hat Anna immer gesagt, in Landskron öffnet sich keine Tür von allein. Ich brach sie auf und trat ein. Ich tastete mich zu den Fenstern und machte die Laden auf, Feuchtigkeit überall, Schweiß, auf den sich das Licht legte wie auf Moos.

Ingeborg Bachmann: Drei Wege zum See

Die Erzählung »Jugend in einer österreichischen Stadt« gehört seit vielen Jahren zum fixen und häufig zitierten Bestandteil der »literarischen Topographie« der Stadt. Bachmanns zweiter »Klagenfurt-Text«, »Drei Wege zum See« aus ihrer letzten Publikation, dem Erzählband »Simultan« (1972), ist in dieser Hinsicht schwieriger zu vereinnahmen. Der Ausgangspunkt ist ein explizit geographischer, eine »Wanderkarte für das Kreuzberglgebiet« (Kreuzbergl ist der Klagenfurter Hausberg, ein typisches Naherholungsgebiet mit Ausflugswirtshaus und Sternwarte). Es ist aber auch eine Geschichte des Scheiterns, die Protagonistin findet die Wege zum See nicht mehr. Sie tritt in die Kindheitslandschaft ein und zieht Bilanz: »Auf den Wanderwegen reflektiert die Hauptfigur ihre Lebenswege« (Weigel). Eine Rückkehr ist allerdings nicht mehr möglich.

Diesmal ging sie den Höhenweg über die Zillhöhe hinaus, obwohl es wieder regnete von Zeit zu Zeit, und sie lief hinunter, wo der Weg zum See führte, aber als sie aus dem Wald kam, verlief der Weg ohne Spuren in einer Wiese, und da jede Markierung fehlte, ging sie nach links und rechts und schließlich weit vor, um zu schauen, wo es weiterging. Im letzten Moment hielt sie inne, denn wenn sie, so in Gedanken, noch einen Schritt weiter gegangen wäre, wäre sie abgestürzt, und sie sah vorsichtig, am äußersten Rand der Wiese, was da, wie ein Steilhang, den es früher nie gegeben hatte, vor ihr abbrach. Natürlich begriff sie sofort, daß nicht der Berg abgebrochen war, sondern abgetragen von Baggern. Die frische feuchte Erde war noch zu sehen, und unter ihr lag ein riesiger breiter Bauplatz, hier sollte wohl einmal die neue Autobahn entstehen, die Herr Matrei, der nicht mehr so weit gehen konnte, beiläufig erwähnt hatte, mißbilligend, weil es sicher noch Jahre dauern werde, bei dieser typischen Langsamkeit hier, bis diese Autobahn je fertig wurde. Sie ging an diesem Abgrund auf und ab, suchte nach einem Abstieg, aber wo sie auch ansetzte und versuchte hinunterzurutschen, gab es keinen Halt, kein Strauchgezweig, keinen Baum, die Erde war überall locker und unbewachsen, und sie wäre sofort über hundert Meter abgerutscht. Dann rekognoszierte sie die Baustelle, an der nicht gearbeitet wurde; nur sehr fern, aber unerreichbar für ein lautes Rufen, stapften zwei Ar-

Am Kreuzbergl, Blick auf den Wörthersee

beiter in der Trasse, und sie konnte daher nicht schreien und fragen, wo es hier hinunterginge und wie man zum See käme. Sie setzte sich vor den Abgrund und überlegte und ging entmutigt zurück zum Höhenweg, dessen wenig zertretenes Ende sie beinahe nicht mehr fand. Hier also ging es nicht, auf dem Weg 1, und sie mußte eben morgen den Weg 7 oder 8 versuchen, denn einen Weg mußten sie ja übriggelassen haben, zumindest einen Abstieg aus dem Wald zum See. Sie wanderte zurück, schaute in eine plötzlich aufgetauchte Sonne zwischen den Bäumen, die zwar schwach war, aber stechend, und am frühen Nachmittag, als Herr Matrei aufstand nach seinem kurzen Nachmittagsschlaf und sie beunruhigt fragte, wo sie so lange geblieben sei, erzählte sie, daß man vom Höhenweg nicht hinunterkomme und daß die da eine Straße bauten, aber nicht einmal daran gedacht hatten, ein Warnungsschild aufzustellen. Wirklich gefährlich sei es, wenn jemand ahnungslos vorlief und meinte, zum Abstieg zu kommen. Herr Matrei sagte, das sei auch ein typischer Skandal und er sei heilfroh, daß sie wieder da sei.

Uwe Johnson: Eine Reise nach Klagenfurt

Der Literaturwissenschaftler Theo Buck meint, Arbeiten wie die Frankfurter Poetikvorlesungen oder »Eine Reise nach Klagenfurt« seien für Uwe Johnson willkommene Abwechslungen gewesen von seinem Mammutprojekt »Jahrestage«, das ihn mitunter zermürbte und gesundheitlich angriff. Johnson begab sich bald nach dem Tod Ingeborg Bachmanns im Oktober 1973 auf Spurensuche »vor Ort«, er begab sich für seinen persönlichen Nachruf nach Klagenfurt und Rom. Die Begegnung mit Klagenfurt wurde alles andere als harmonisch, das distanzierte Verhältnis Bachmanns zu ihrer Geburtsstadt liegt dieser Annäherung zugrunde, Johnson baut Zitate aus »Jugend in einer österreichischen Stadt« und Briefen an ihn ein (»Man müßte überhaupt ein Fremder sein, um einen Ort wie Kl. länger als eine Stunde erträglich zu finden«). Johnsons Materialsammlung fokussiert bald auf die NS-Zeit, bedingt durch die Wichtigkeit dieser Zeit für Bachmann: »Der Einmarsch von Hitlers Truppen in Klagenfurt [...] war etwas so Entsetzliches, daß mit diesem Tag meine Erinnerung anfängt: durch einen zu frühen Schmerz.«

In Klagenfurt

Nach dem reichsdeutschen Lehrplan mußten die Kinder auch ein Klagenfurt lernen, wie sie es nicht gekannt hatten:

Arnold Riese-Straße wurde damals	Arnoldstraße
Ausstellungsstraße	Maulbeerallee
Benediktinerplatz	Platz der S.A.
Paulitschstraße	Egger-Lienz-Weg
Schloßstraße	Eichengasse
Feldgasse	Hans Sachs-Straße
Dollfußplatz	Feuerwehrplatz
Dollfußstraße	Ramsauerstraße
Dollfußstraße	Adolf Hitler-Straße
Fischlstraße	Georg Weber-Straße
Südliche Grabengasse	Geyerschütt
Ignaz Seipel-Straße	Griesgasse
Viktringer Gürtel	Schönererstraße
Heiligengeistplatz	Platz der Saarpfalz
Heinrich Heine-Gasse	ich weiß nicht/was soll es/bedeuten
Esperantogasse	Dr. Herrmann-Gasse
Heuplatz	Otto Planetta-Platz
Ignaz Seipel-Straße	Palmgasse
Florian Gröger-Straße	Peter Wunderlich-Straße

Mühlgasse	Papiermühlgasse
Kardinalplatz	Stuttgarter Platz
Hauptplatz	Hermann Göring-Platz
Kolpinggasse	Karl Meinhardt-Gasse
Obstplatz	Flensburger Platz
Karl Marx-Straße	Holzweberstraße
Neugasse	Memelgasse
Neuer Platz	das hatten wir schon
Priesterhausgasse	Krefelder Straße
Fürst Starhemberg-Straße	Nibelungen-Straße
Sternallee-Gasse	Heldenplatz
Theaterplatz	Max Seunik-Platz
Viktringer Ring	Hubert Klausener-Ring
12. November-Straße	Leo Schlageter-Straße
Hauptstraße	(ab 1944) Heydrichstraße
Villacher Ring	(ab 1944) Dr. Todt-Ring

Die Friedensgasse konnte so bleiben, da ihr Name zurückging auf bloße Phantasie und keinen Anlaß sonst. Aber die Ursulinengasse, an der die Schule stand, hieß nun Langemarckstraße.

Gert F. Jonke: Das System von Klagenfurt

Aus der Zeit von Gert Jonkes ersten Buchveröffentlichungen, den Jahren um 1970, stammt auch ein Text über seine Geburtsstadt Klagenfurt, den er in zwei späteren Veröffentlichungen variierte (in: »Im Inland und im Ausland auch«, 1974, und »Himmelstraße – Erdbrustplatz«, 1999). »Das System von Klagenfurt« gehört zu Jonkes – überspitzt formuliert – »strukturalistischer Phase«, der »Geometrische Heimatroman« (1969) ist sein bekanntestes Frühwerk. Hier ist bereits eine unverkennbare Stimme zu vernehmen, aber noch nicht die bald bestimmende Überdeckung von Musik und Dichtung am Werk.

Klagenfurt, Alter Platz

Das System von Klagenfurt – im Zentrum der damaligen Altstadt beginnen:

Über den sogenannten Alten Platz gehn, sich von den goldenen Hörnern auf der Spitze der Pestsäule blenden lassen, die »Goldene Gans« besichtigen, unter der du, vom Landhaushof kommend, das sogenannte zwielichtige Gesindel im Landhauscafé hineingehn und herauskommen siehst, Eisen Zwick, die Landschaftsapotheke, Elektro Senekowitsch, Kurzwaren Dörfler, Sport Fiedler, Farben Hühner, Stoffe Stuller, Drogerie Liest, Seifen Hatheyer, Gasthaus zum »Weißen Rößl«, City Club, früher New Harlem benannt, Photo Strauß, Eisen Filli und einige, nicht genannte Geschäfte hinter dir lassend, den Alten Platz wieder verlassen hast, über die Bahnhofstraße gehn, wo du vor dir plötzlich einen vielstöckigen Neubau siehst, ein Blumengeschäft, einen Blumenautomaten, wo aber früher die alte Priesterhauskirche gestanden sein soll, die man angeblich wegen ihrer Baufälligkeit abgerissen hat, ebenfalls dahinter das Kloster, in gerader Verlängerung die Gasse betreten, die noch immer danach genannt wird, nämlich Priesterhausgasse, bei der Engel-Apotheke vorbeigehn, hinter dem großen Brunner Allroundgeschäft, die Getreidegasse überqueren, durch die du, links hinaufgehend, den Rauscherpark mit dem Denkmal eines längst vergessenen Dichters, der angeblich so geheißen haben soll, nämlich Rauscher, und über den nach ihm benannten Park den Kindergarten erreichen könntest, aber nicht erreichst, weil du ja die Priesterhausgasse beim Pumpen Hofer vorbei gerade weitergehst, einen kleinen Schuster an der Ecke und ein Fischgeschäft, das seinen Geruch in der gesamten Gegend verbreitet, erreichst, einen großen Parkplatz siehst, geteert, dahinter einige Sträucher, Blumen und die Steine eines Alpinums, in dessen Mitte man einen brüllenden Löwen aus Schiefer aufgestellt hat, zu Ehren des Herrn Feldmarschall Conrad, dahinter die Geyerschütt mit einigen Holz- und Glasgeschäften, nach rechts gehend, könntest du links über dir plötzlich eine grasbewachsene Böschung mit Sträuchern sehn, mit den oben beginnenden Hintermauern der Häuser der Getreidegasse, weitergehend aber, bevor du die Salmgasse mit dem eisengitterversperrten Lager der Großsüdfrüchte- und Gemüsehandlung Valentin di Lenardo erreichen würdest, könntest du in den Hinterhof der Alteisenfirma Frick hineinschauen, du könntest die rostigen Küchenherde, Öfen, Rohre, Zäune und anderes wild durcheinander Herumliegendes sehn, du siehst das alles aber nicht, weil du ja von der Priesterhausgasse über die Geyerschütt nach links hinaufgehst, wo normalerweise immer die Lastwägen der Fruchtsaftgetränkefabrik Pagitz hinauffahren, links die kleine Gasse hinein, wo rechts einige noble und recht hübsche Privathäuser stehn mit Gärten hinter den Zäunen, die Lastwägen fahren da aber vorbei und hinunter den Abhang zum Parkplatz vor das Geschäft Pago hin, verschwinden hinter einem eisernen Tor und laden im Hof leere Flaschen ab, mit Fruchtsäften gefüllte auf, du aber gehst nach diesem kleinen Rundgang die Getreidegasse hinunter, wieder zur Priesterhausgasse, die du beim Gasthaus Geyer erreichst, gehst rechts die Priesterhausgasse entlang, nachdem du auf der anderen Straßenseite Volkswagen Knoch und Gitter Jergitsch hinter dir gelassen hast, zur Bahnhofstraße, wo auf der Kreuzung meistens der Polizist steht, den Verkehr regelt und dich warten läßt, du siehst rechts hinaufschauend den Turm der zierlichen Kapuzinerkirche hinter einem schwarzen Zaun, an dem ein Schaukasten mit Bildern vom Papst angebracht ist, dann aber wieder in gerader Fortsetzung zum Alten Platz, beim Textilhof, beim Glaser Leixl und einigen anderen Geschäften, deren Namen ich aber leider vergessen habe, vorbei, wieder den Landhaushof betretend, den sie vor kurzem neu angestrichen haben, nachdem sie ein riesiges Holzgerüst um das Gebäude und die zwei Türme gebaut hatten, auf das die Maler hinaufgestiegen waren und mit ihren Pinseln gelbe und grüne Farbe aus den Kübeln herausgeholt und auf die Wände geworfen hatten, du gehst durch den Durchgang bei einem Gewichtsmeßautomaten vorbei, liest noch in der Dunkelheit die Speisekarte neben dem Eingang des nach dem Landhaushof benannten Gasthauses, stehst dann plötzlich draußen am Heiligengeistplatz, wo vor Jahren noch riesige Kastanienbäume gestanden sein sollen, dann aber abgeholzt worden sind, weil sie dem allgemeinen Verkehr im Wege gestanden sein sollen, jetzt steht dafür dort die Fahrdienstleitung der Stadtverkehrsbetriebe, wo hinter Glas die diensthabenden Kontrolleure auf und ab gehn, die Schreibkräfte kontrollieren, selbstverständlich auch die Arbeit der Schaffner, dann dahinter die alte Heiligengeistkirche mit den schimmligen Mauern unter dem Narthex und vor allem aber die Bahnsteige für die Autobusse, hinter der Überdachung, wo die Leute stehn, wenn's regnet, vorm Zeitungsstand, das Gesicht des Schahs auf der Illustrierten anschauen oder in den Warteraum hineingehen, eine heiße Milch trinken, dazu ein Nußkipferl, wenn's reicht.

Standplatz 1 Linie S zum See
Standplatz 2 Linie K nach Krumpendorf
Standplatz 3 Linie L nach Lendorf und Wölfnitz
Standplatz 4 Linie W nach Waidmannsdorf
etc. etc. etc. etc. etc. etc. etc. etc. etc. etc. etc. etc. etc.

Peter Turrini: Der gute Film hat mich ruiniert

Elfriede Jelinek charakterisiert ihren Kollegen Peter Turrini als einen »exoterischen Schriftsteller, und er sagt das, was er sagen MUSS«. Das gilt für die sozialen und politischen Themen, für die er sich von Anbeginn in seinem Werk einsetzt, das gilt aber auch für persönlichere Themen. Er trägt eigene Erfahrungen schonungs- und distanzlos in seine Texte hinein. Gerade bei seinen Liebesgedichten verhalf ihm das zu einem großen Erfolg bei seinen Lesern. Turrini, in Maria Saal am Zollfeld geboren, ging im nahen Klagenfurt in die Hauptschule, die Landeshauptstadt wurde ihm dadurch auch zu einem Ort der Vergnügungen und typisch pubertärer Erlebnisse. Diese spielen sich für den Jugendlichen im Text allerdings vornehmlich in der Phantasie ab – und wo wären die Träume besser aufgehoben als im Kino?

Mit 14 Jahren war ich Hauptschüler in der Landeshauptstadt und saß, so oft dies möglich war, in der dreizehnten Reihe des Kammerlichtspiele-Kinos, gemeinsam mit meinen Schulfreunden. Wir kauften keine Kinokarten, sondern gaben der Kartenabreißerin ein paar Schillinge, die sie in ihre eigene Tasche steckte. Wir sahen Filme wie »Fluß ohne Wiederkehr« mit Robert Mitchum oder »Rächer der Enterbten« mit Robert Wagner. Der Inhalt dieser Filme hat uns nicht wirklich interessiert, wir machten ständig blöde Bemerkungen über die Anatomie der Hauptdarstellerin. Die käme für uns überhaupt nicht in Frage, sagten wir halblaut und zur Verärgerung anderer Kinobesucher, die sei viel zu klein, die hätte ja Hängetutteln, und außerdem sei ihr Hintern größer als der Postkasten vor dem Hauptpostamt. Eine ganze dreizehnte Reihe voller Angeber, deren Angebereien nur eines kaschieren sollten: die himmelschreiende Sehnsucht nach einem weiblichen Busen und einem weiblichen Hintern, welcher Größe auch immer. Das angehende Saallicht beendete blitzartig unsere Ausführungen. Mit eingezogenem Kopf verließen wir möglichst schleunig das Kino.

Mit sechszehneinhalb Jahren war es dann soweit: Ich saß im Peterhofkino, einem Vorstadtkino von Klagenfurt, und sah gemeinsam mit einer Schülerin aus der Parallelklasse der Handelsakademie, in die ich inzwischen ging, den Film »Die Rache der Pharaonen«. Es hätte genauso gut »Frankensteins Rache« oder wessen Rache auch immer sein können, denn wieder ging es nicht um den Film, sondern um die Berührung meines Knies mit dem Knie der Parallelklasslerin. Eine Berührung, die einen Flächenbrand auslöste, der an meinem Knie begann, sich über den Körper, über das Kino, über die Leinwand, über die Stadt bis ans Ende des Universums ausbreitete. Und wieder, wie schon im Tanzsaal des Gasthofs Skrainig in Maria Saal, war das angehende Saallicht das Ende aller Ausflüge ins Grenzenlose, ins Unvorstellbare. Wir standen auf und sprachen über den Film, den ich in Wahrheit gar nicht wahrgenommen hatte.

1962, ich war inzwischen achtzehn Jahre alt, startete das Volkskino in Klagenfurt die Aktion »Der gute Film«. Der Initiator hieß Horst Sihler, und ich denke, die Stadt Klagenfurt sollte ihm ein Denkmal setzen, denn er war es, der der allgemeinen Volksverblödung durch schlechte Filme den guten Film entgegensetzen wollte. Aber mein Kino, meine Anarchie, meine Weltenbrände, meine Phantasieungeheuer hat der gute Film ruiniert. Fortan achtete ich wirklich auf das, was ich auf der Leinwand zu sehen bekam, »Faust«, »Außer Atem«, »Letztes Jahr in Maienbad«, »Jules und Jim«, und so ist es bis auf den heutigen Tag geblieben: Ich schaue mir die guten Filme an, aber ich erlebe mein Kino nicht mehr.

Julien Green: Tagebuch

Julien Greens Lebensweg umspannt fast das gesamte 20. Jahrhundert. Seine kritische Zeitgenossenschaft, seine vielfältigen Lebensstationen, sein Werk, das sich den großen Fragen der condition humaine widmet, machen ihn zu einem wahrhaftigen Weltliteraten. Sein Tagebuch, das Ende der zwanziger Jahre anhebt, ist ein faszinierendes Zeugnis von Greens geistigen und realen Wanderschaften und führt vor Augen, wie im Laufe seines Schaffens zunehmend Religiöses in den Vordergrund rückt. Daß Green auf einer seiner Österreich-Reisen beschloß, gerade in Klagenfurt begraben sein zu wollen, mag auch ein wenig dem Zufall zu verdanken sein, liegt aber auch an der Faszination, die die Geistlichen, die er

Julien Greens Grabstätte in der Stadtpfarrkirche (mit dem Vornamen in amerikanischer Schreibweise)

hier traf, und die Landschaft (»die Hügel Kärntens, die mich verzaubert haben«) auf den begeisterten Katholiken ausübten. Man bot Green schließlich ein Grabmal in der Klagenfurter »Hauptstadtpfarrkirche« St. Egid an, und Green schrieb davon, eine Übereinstimmung »aus tiefster Seele mit dem Glauben eines Landes, das seinen religiösen Überzeugungen vollkommen treu geblieben ist«, zu spüren.

10. August. – Klagenfurt. Mir wurde mein Alter in den Augen der anderen plötzlich bewußt. Höflichkeiten vor allem, und Komplimente. »Welche Ehre, mit Ihnen zusammenzutreffen.« Wenn man wüßte, wie ich darauf pfeife. Aber wir gehen zu Dr. Mairitsch Mittag essen, dem Pfarrer von St. Egid, ein Priester, wie man sich den ganzen Klerus erträumt. Ernst Fuchs ist anwesend, ein gelehrter und in seinen Äußerungen kühner Maler. Man hat für mich ein Haus gefunden, nicht weit von hier, in der Umgebung von Velden. Im Augenblick bin ich fast allein in diesem schönen Haus, von dem aus man Bäume sieht, Hügel, in der Ferne einen Berg, und auf der anderen Seite liegt das italienische Tirol, wo ich in den dreißiger Jahren bis zum Krieg so glücklich war.

11. August. – Slowenien ist unabhängig, Kroatien besorgt. Unser Freund Herbert informiert uns über die militärische Stärke Österreichs: zehn Flugzeuge. Kleine Armee. Österreich ist kein militärisches Volk mehr, genausowenig wie Italien. Aber hier herrscht Friede in einer vollkommenen Stille, und die Luft ist rein. Keine Industrie in Kärnten. Einer Ideallandschaft gleicht das Land schon durch das, was allein das Wort Land heraufbeschwört: Wiesen, Wälder, Hügel, nichts fehlt. Aber ich gähne bei der bloßen Vorstellung, alles beschreiben zu müssen, was ich von dem kleinen Tisch aus sehe, an dem ich sitze, rundherum Bäume, Weiden. Ganz hinten, schon recht weit entfernt, eine zerklüftete Mauer, einmal blau, dann wieder dunkel und am Abend, wenn der Tag sich neigt, von einem Blau, das ins Violette geht, unter einem richtigen Sternenteppich. Hinter dieser Wand mit den zarten Farbtönen liegt das ehemalige Jugoslawien.

– Der *Herr Pfarrer* hat uns die Kapelle gezeigt, in der wir bestattet sein werden. Eine kleine Krypta ist ausgehoben worden und wartet auf uns, und darüber eine große Platte aus weißem Marmor mit Kupfergriffen. *Ego sum Resurrectio et Vita*, mehr will ich nicht. Darunter die Namen. Das ist alles. Diese Kapelle ist groß genug, um etwa fünfzehn Personen fassen zu können. Ich will nicht sagen, daß wir schon hier liegen möchten, nein, aber ich glaube, daß wir hier Ruhe finden werden. Die Kirche ist schön. Die Kanzel mit ihren vier vergoldeten Kirchenlehrern, die ihr ein festliches Aussehen verleihen, stammt aus jenem leichtfertigen und auf seine Weise gläubigen 18. Jahrhundert. (...)

31. August. – Es hat mich so traurig gemacht, Österreich zu verlassen, daß ich mich frage, ob ich nicht dort die letzten Tage eines bereits sehr langen Lebens verbringen werde. Die Schönheit des Landes besitzt einen Reiz, den ich nicht aus meinen Augen herausbekomme. Aber da ist noch etwas anderes: Ich will nicht mit ansehen, wie meine Geburtsstadt zerfällt und zu Mekka oder Kalkutta wird. Das heutige Paris hat nichts mehr zu tun mit jenem der schönen Jahre meiner Adoleszenz oder einer Jugend, die ich, ohne es zu bemerken, in die Länge zog. Bis 1975 ist mir das Alter überhaupt nie bewußt geworden. Es sind nicht nur die Hügel Kärntens, die mich verzaubert haben; es gibt auch eine Übereinstimmung aus tiefster Seele mit dem Glauben eines Landes, das seinen religiösen Überzeugungen vollkommen treu geblieben ist.

Daniel Spitzer: Pörtschach

Verschiedene Touristenfilme der sechziger und siebziger Jahre sowie »Ein Schloß am Wörthersee« luden den Sommertourismus am See gehörig mit Klischees auf. Pörtschach pflegt heute noch diese Bilder: Das örtliche Kino wiederholt während der Saison die einschlägigen Streifen, Hotelnamen und Adressen ahmen das Mondäne der Riviera nach (»Monte-Carlo-Platz«), zwischen den luxuriösen Hotels promeniert das touristische Fußvolk. Daß Pörtschach, seit 1864 mit der Bahn erreichbar, in den 1880er Jahren bereits ein aufstrebender Badeort war – offensichtlich nicht zum Vergnügen aller –, ist Gegenstand eines kurzen, kritischen »Reisebriefs« des Wiener Feuilletonisten Daniel Spitzer.

Strandhaus in Pörtschach

Ach, das arme Pörtschach fängt schon an, ein Modebad zu werden! Ein äußerst beängstigendes Symptom hiefür ist bereits vorhanden, denn die Frauen wechseln plötzlich, ohne daß man einen stichhaltigen Grund dafür anzugeben wüßte, die Toiletten, und oft, nachdem eine den ganzen Vormittag hindurch blaßgelb war, wird sie bei Tisch mit einemmal purpurrot, um dann gegen Abend, nachdem sie einige Löffel Kaffee zu sich genommen, aschgrau zu erscheinen. Ich sah selbst diesen merkwürdigen Fall von Toilettenfieber bei einer Dame, an der ich außer einem kleinen Hustenreiz, der sich bei der Annäherung eines windigen Leutnants einstellte, keine bedeutenderen Reize wahrgenommen hätte. Auch an anderen unheimlichen Erscheinungen, die darauf hindeuten, daß Pörtschach bald der galoppierenden Modesucht verfallen werde, fehlt es nicht, denn es machen sich bereits die Unglücksraben bemerkbar, die zu jeder Stunde des Tages verkünden, wie die Kreditaktien stehen.

Robert Musil: Brief an Oskar Maurus Fontana

»Ich bin geboren am 6. November 1880 in der österr. Stadt Klagenfurt, Hauptstadt des Landes Kärnten.« So bringt Robert Musil seine Beziehung zu Kärnten in einem »Curriculum vitae« um 1931 auf den Punkt. Die Familie verließ Klagenfurt bald wieder, Musil verbrachte seine Kindheit und Jugend in Steyr und Brünn. In der Zwischenkriegszeit kehrte Musil allerdings als Sommerfrischler einige Male wieder nach Kärnten, vornehmlich nach Velden, zurück. In einem Brief an Oskar Maurus Fontana zeigt er sich begeistert von der Schönheit der Veldener Bucht, aber das Blau des Wörthersees verstellt ihm nicht den realistischen Blick auf die drängenden ökonomischen Fragen des Schriftstellerdaseins. In seinem Tagebuch erinnert Musil sich eines früheren Besuchs in Velden, an eine für ihn befremdliche Szene im Strandbad.

[Poststempel Velden am Wörther See
13. VI. 25]

Lieber Herr Fontana!

Ich sitze weniger – wie Sie vermuten – im Grünen, sondern liege im Blauen, und dieser herrliche See, in dem man spazieren schwimmt, hat für mich noch den großen Nachteil, daß man nicht das Manuskript ins Wasser mitnehmen kann. So daß ich schon allen Ernstes daran dachte,

nach Ablauf dieses Monats wieder für ein paar Wochen nach Wien arbeiten zu kommen. Indes sucht meine Frau neue Sommerfrischen, welche nicht so schwere Anforderungen an meinen Charakter stellen sollen.

Kollers reservatio mentalis in dem bewußten Brief habe ich seinerzeit nicht ganz so aufgefaßt, wie Sie es tun, aber Ihre Meinung ist jedenfalls die um- und vorsichtigere, und ich schließe mich gänzlich Ihrer Auffassung an. Bin neugierig, was die Organisation beschließt.

Wenn die bezahlten Rezensionen als Inserate gekennzeichnet werden, erscheint mir vom Organisationsstandpunkt nicht viel dagegen einzuwenden möglich. Koller versicherte, daß die Besprechung wichtiger Bücher von diesen Geschäften nicht berührt werden soll. Natürlich wird es dann noch mehr an Raum dafür fehlen. Aber da es schon an Kritikern fehlt und im kritischen Teil die Freunderlwirtschaft herrscht, erscheint mir der Übergang zur »hochkapitalistischen Bewirtschaftung« kaum noch als eine Verschlimmerung. Dies zur Erklärung der weicheren Haltung, die ich eingenommen hatte (plus quam perfectum!).

Auch in der Krankenkassafrage stehe ich natürlich auf Ihrer Seite. Allerdings schien mir während meiner kurzen journalistischen Debüts, daß man viel zahlt und wenig davon hat; abgesehen von schweren Fällen.

Mit dem Abführen von Geldern nach Berlin wäre ich wohl auf Thoms Seite, wenn er diese Gelder hervorzauberte. Ich glaube, daß das erst im Zusammenhang mit einer Erhöhung des Mitgliedsbeitrags erörtert werden kann, und diese erst, wenn die Organisation des SDS klappt und er ein Groß-Schutzverband geworden ist.

Wie benimmt sich das Chinosol in Ihren Mandeln? Ich muß nachtragen, daß die Gurgelmethode, die ich Ihnen zugleich damit anpries, vielleicht nur für den Rachen gielt, aber an das Medikament knüpfe ich nach wie vor die Hoffnung, daß es Sie von diesem Teil der Arbeitsstörungen befreien wird. Gegen Baden und Rudern gibt es leider nichts.

Herzliche Grüße, mit unsren Wünschen, daß sich auch Ihre Frau Gemahlin bald erholen möge.

Ihr

Robert Musil

Tagebuch

Ich war wohl schon 18 oder 19 Jahre alt, als ich während eines Sommeraufenthaltes am Wörthersee (in Velden) folgendes erlebte. Ich hielt mich am Sprungbrett der Herrenschwimmschule auf, während auf der Spitze des Sprungbrettes im benachbarten Damenbad meine Mutter stand und auf den See hinausblickte. Sie war im Bademantel und bereits nach dem Bade. Meine Nähe hatte sie nicht bemerkt. Mit einer gar nicht beachteten Bewegung öffnete sie ihren Bademantel, um ihn anders zu schließen, und ich sah sie einen Augenblick nackt dastehen. Sie muß damals etwas über 40 Jahre alt gewesen sein, war sehr weiß und voll und schön gebaut. Obgleich mich das bis heute mit einer gewissen Anerkennung erfüllt, ist noch viel lebendiger das schamhafte und ich glaube zornige Entsetzen, das mich damals durchfuhr.

Gustav Mahler: Brief an Nina Spiegler

Im August 1901, als er diesen »Ferienbrief« am Wörthersee schrieb, stand Gustav Mahler im Zenit seiner Karriere als Musikmanager; seit 1897 war er Direktor der Wiener Hofoper. Bereits als Musikdirektor des Hamburger Stadttheaters hatte er nur mehr äußerst spärlich Zeit zum Komponieren, schon in den 1890er Jahren wurde er dadurch zum »Ferienkomponist« und ließ sich zum ungestörten Arbeiten ein kleines Komponierhäuschen am Attersee einrichten. Auch in der Nähe der 1901 fertiggestellten Villa in Maiernigg am Wörthersee ließ er sich ein solches Refugium erbauen, sein »study auf dem Kogel«.

Der Brief an die Wiener Freundin, eine in Musikerkreisen hochgeschätzte Expertin, zeugt von Mahlers Zerrissenheit, aber auch von ersten Anflügen von Gelassenheit – schließlich stand die Uraufführung der Vierten Symphonie bevor (sie wurde dann erst im Januar 1902 aufgeführt). Er arbeitete in diesem Sommer an der Fünften Symphonie und an den »Kindertotenliedern«. Als 1907 seine ältere Tochter in Maiernigg starb, gab die Familie das Domizil am Wörthersee auf.

[Ohne Datum. Poststempel: Klagenfurt 20.8.01]

Liebste Nanna!

Endlich also kommt der Ferienbrief! Daß die Natalie Dich so wacker auf dem Laufenden erhält, macht es mir leichter, damit so lange zu warten, bis ich mit meinem Pensum da droben im Häuschen fertig bin. Sonst wäre ich sicherlich braver. – Mit der heurigen Fechsung kann man tantum quantum ganz zufrieden sein. Vielleicht fällt auch für Dich im Winter etwas davon ab.

Natürlich, die *alte* Klage bleibt immer dieselbe: Zuviel Hetze – zu wenig Zeit! Und immer muß ich etwas mittendrin stehen lassen. Nur bin ich mit der Zeit etwas beruhigter darüber, nachdem ich gelernt habe, daß der Schaffende seine Geburtswehen ganz ohne Schaden für das Kind unterbrechen kann und zu gelegener Zeit wieder fortsetzen. – Oder vielleicht wie es die Hühner machen, die das Ei eifrigst bebrüten – und mittendrin auf Futter gehen.

Aber Du führst Dich ja gar nicht gut auf!

Ich sage Euch: schützt Euch im Sommer vor Regen und Kälte! Zu schade, daß Ihr Euch unser Retiro hier nicht ansehen könnt. Ihr möchtet es gewiß nachmachen. Freitag oder Samstag gehe ich nach Wien. Justi bleibt noch ungefähr 3 Wochen. Die Arme hat es leider sehr nötig und muß heuer in Wien sehr geschont werden. Momentan hat sie sich wieder herausgerappelt. Meine Ausflüge heuer waren nicht so schön wie voriges Jahr. Vom Wetter gar nicht begünstigt. In Folge dessen war es mir auch nicht möglich, in meinen letzten Augenblicke an Dich zu denken, und noch weniger, Dir vorher noch eine Ansichtskarte zu schicken. In strömendstem Regen und Gewitter bin ich auf die 3 Zinnenhütte hinauf und hinuntergerannt und mußte nur immer an meine Stiefel denken, die ein Loch hatten und vor Nässe schwapperten.

Meine IV. kommt wahrscheinlich im Oktober in Wien dran und wird Dir so einmal eine Seitenansicht von mir geben, die Du noch nicht kennst. Nur fürchte ich, daß Dir die am Besten gefallen wird, und Du mich von nun an nur mehr von der Seite anblicken wirst.

Da ich heuer die philharmonischen nicht mehr dirigieren werde, so fallen die Festsoupers aus, und ich bitte, sich nun etwas auszudenken,

Maiernigg, Gustav Mahlers Komponierhäuschen

wie mir dieser Ausfall am besten eingebracht wird: auch bitte ich um etwas feinere Behandlung bei solchen Gelegenheiten – wie es meiner Arroganz entspricht. Gelesen habe ich wieder so gut wie gar nichts in diesem Sommer, weil ich zu viel amtlich beschäftigt war. Das geht mir jetzt schon seit 10 Jahren so. Und so wird mir nichts anderes übrig bleiben, als wie der Quintus Fixlein mir meine Bibliothek selbst zu schreiben. Dafür kommt aber einmal eine Gedenktafel an mein Häuschen im Walde: hier saß jeden Morgen der seinerzeit so berühmte G.M. Nur bitte, sich nicht zu irren und die Tafel nicht an der daneben befindlichen kleineren Dependance anzubringen, wo das noch mehr passen würde, aber als Ausdruck der Pietät nur Natalien und mir verständlich wäre. So! Der Ferienbrief ist geschrieben und bleibt mir nur so viel Platz, um Dich ordentlich zu knutschen und Albert und den Kleinen herzlichst zu grüßen

Dein Gustav

Autoren und Quellenangaben

Ingeborg Bachmann: 1926 (Klagenfurt) – 1973 (Rom). Studium der Philosophie, Germanistik und Psychologie in Innsbruck, Graz und Wien, Promotion mit einer Arbeit über Heidegger. Mit der ersten Lesung 1953 auf einer Tagung der Gruppe 47 gelang es ihr, in die erste Riege der deutschsprachigen Gegenwartsliteratur vorzudringen. Sie lebte bereits 1953–1957 in Italien, ab 1965 blieb sie in Rom. Von Anfang an wurden in der Rezeption Dichtung und Person nicht auseinandergehalten (»dichtende Märchenprinzessin aus Österreich«, Witte), Bachmann selbst wehrte sich gegen eine zu einfache, kulinarische Lesart ihrer Lyrik als »reine Poesie«. Solchen Stilisierungen wirkte auch die zunehmende Konzentration Bachmanns auf die Prosa entgegen, in der Politisches Platz fand (»Das dreißigste Jahr«) und Verstörungen sowie das (vornehmlich männliche) Verbrechen bis hin zum unabgeschlossenen »Todesarten«-Projekt zunehmend in den Vordergrund traten. Mittlerweile erscheint Bachmann als Autorin, die »den Versuch unternahm, in der Leidensgeschichte imaginierter einzelner die Geschichte ihres verheerenden Jahrhunderts und darin wiederum die Antriebe und Mechanismen der Verheerungen erzählbar zu machen« (Meyer-Gosau).

Ingeborg Bachmann: Drei Wege zum See. In: Erzählungen. Werke, Band 2. Zürich, München 1993, S. 440–440. © Piper Verlag GmbH.

Hermann Bahr: 1863 (Linz) – 1934 (München). Studium der Nationalökonomie, Altphilologie und Philosophie. Bahr war ein wandlungsfähiger Geist, zu Beginn deutschnational eingestellt, wandte er sich in der Folge dem Sozialismus zu, um schließlich konservativ-katholische, monarchistische Thesen zu vertreten. Sein erster Roman »Die gute Schule« (1890) stellte Seelenzustände in den Mittelpunkt, er plädierte immer wieder für eine impressionistische »Nervenkunst«. Damit beeinflußte er die Literaten des »Jungen Wien« (Beer-Hofmann, Hofmannsthal, Schnitzler u. a.), dessen organisatorischer Mittelpunkt er war. Bahr hatte als Kritiker und Feuilletonist im Wien der Jahrhundertwende keinen geringen Einfluß. Nach dem Ersten Weltkrieg wurde er, seit 1922 in München lebend, zu einem Verfechter eines »ewigen österreichischen Barock«.

Hermann Bahr: Liebe der Lebenden. Tagebücher 1921–1923. Band 3. Hildesheim 1925, S. 175–178.

Gunter Falk: 1942 (Graz) – 1983 (ebd.). Gunther Falk könnte – ähnlich den Dichtern Hermann Schürrer oder Joe Berger – mit dem Etikett »poète maudit« versehen werden, bedingt durch Unangepaßtheit, Oppositionsgeist, Alkoholexzesse etc. Aber der Dichter Falk ist schwerlich einordenbar, in Leben und Werk kamen »Literatur und Soziologie, Wissenschaft und Wirtshaus, Gefühl und Intellekt gleichermaßen zu ihrem Recht« (Bartens/Kastberger). Seine Stellung im Literaturbetrieb war ebenfalls in einem Zwischenbereich angesiedelt, er kam aus dem Grazer Forum Stadtpark, stand aber den künstlerischen Verfahrensweisen der Wiener Gruppe nahe. Mit seinen wenigen veröffentlichten Gedichten schaffte er es, innerhalb der sogenannten experimentellen Literatur eine individuelle Note zu finden, mit seinen wissenschaftlichen (etwa seiner Dissertation über den Begriff des Spiels), poetologischen und essayistischen Texten schuf er vielbeachtete, seiner Zeit oftmals vorauseilende präzise Arbeiten, die noch einer gesammelten Ausgabe harren.

Gunter Falk: st. veit an der glan. In: Ders.: Die dunkle Seite des Würfels. Spenge 1983, S. 31. Abdruck mit freundlicher Genehmigung von Gerlinde Falk.

Antonio Fian: geb. 1956 (Klagenfurt). In Spital a.d. Drau aufgewachsen, 1976 Übersiedelung nach Wien, wo er als freier Schriftsteller lebt. Fians Werk umfaßt einen Roman, Erzählungen, zahlreiche Hörspiele; einem breiten Leserkreis ist er durch seine in Zeitungen abgedruckten Dramolette und Mikrodramen bekannt, die auch gesammelt in Buchform erschienen sind. Gustav Ernst beschreibt die Dramolett-Kunst Fians: »Mit sicherem Griff treibt Fian die Haltungen und Reden bekannter Personen dialogisch-szenisch auf kleinstem Raum rücksichtslos dermaßen auf die Spitze, daß sie in ihrer plötzlichen Groteskheit mit einem Schlag offenbaren, was sie in Wahrheit wirklich sind und bedeuten.«

Antonio Fian: 1938, Liebe. In: Ders.: Einöde. Außen, Tag. Erzählungen. Graz 1987, S. 49–50. © Literaturverlag Droschl.

Humbert Fink: 1933 (Vietri sul Mare) – 1992 (Maria Saal). Fink begann seine schriftstellerische Laufbahn als Erzähler (zwei Romane) und Lyriker (einziger Gedichtband: »Verse aus Aquafredda«, 1953), bereits als Dreißigjähriger erhielt er den österreichischen Staatspreis, er war auch Mitglied der Gruppe 47. Ab den sechziger Jahren wandte er sich der kommentierenden Prosa und der Reisebeschreibung zu, später kamen Biographien hinzu (u. a. Machiavelli, Luther, Metternich, Franz von Assisi). Fink war auch Journalist (ORF, »Kronen-Zeitung«) und ein eifriger »Literaturfunktionär«, er betätigte sich als Zeitschriftenherausgeber und entwickelte 1977 gemeinsam mit Ernst Willner den Ingeborg-Bachmann-Wettbewerb in Klagenfurt.

Humbert Fink: Villach: dreisprachiges Universum. In: Merian, 11. Jg./H. 23 (1970), S. 40. Abdruck mit freundlicher Genehmigung von Ulrike Fink.

Winfried Gindl: geb. 1962 (Klein St. Paul). Studium der Philosophie, danach Hausmann und Kulturmanager. Gindl ist Herausgeber der Zeitschrift »Sisyphus« sowie der gleichnamigen Buchreihe und lebt als Verlagslektor, Autor und Konzeptkünstler in Klagenfurt. Gindl schreibt Gedichte und Prosa, zuletzt ein stilistisch opulentes »Melodram« (»Aufbruch, Gott, Hertha«, 1999). Die Bandbreite reicht von leisen Tönen wie in seinen Liebesgedichten über formal lockere, pop-artige Texte bis hin zu deftigen, derben Interventionen. Seine Literatur zeichnet sich durch einen hohen Einsatz von Körperlichkeit aus und besticht immer wieder durch ihren Fürwitz.

Winfried Gindl: Der Rest der Welt. Geschichten aus Irgend- und Nirgendwo. Klagenfurt 1993, S. 158–159. Abdruck mit freundlicher Genehmigung des Autors.

Helga Glantschnig: geb. 1958 (Klagenfurt). Kindheit und Jugend in Radenthein. Studium der Germanistik und Pädagogik in Graz und Wien, nach der Promotion Lehrtätigkeit für fremdsprachige Kinder, seit 1994 freie Schriftstellerin. Die Erfahrung des Deutschunterrichts für Kinder floß in die erfolgreiche Publikation »Blume ist Kind von Wiese« (1993) ein. Neben den Romanen »Mirnock« und »Wider Willen« (1992) deckt das Schaffen Glantschnigs das gesamte Gattungsspektrum ab: ein Band mit Anagrammen (»Rose, die wütet«, 1994), ein Essay (»Entrée: die Frau«, 1995), ein »Schlittschuhbuch« (»Meine Dreier«, 1998) und zuletzt ein Gedichtband (»Kamel und Dame«, 2000).

Helga Glantschnig: Mirnock. Graz, Wien 1997, S. 7–9. © Literaturverlag Droschl.

Julien Green: 1900 (Paris) – 1998 (ebd.). Green wurde zweisprachig und protestantisch erzogen, 1917 nahm er als Freiwilliger am Krieg teil, von 1919 bis 1922 studierte er Philosophie in den USA, ab 1922 lebte er wieder in Paris, wo er sich der Literatur, Malerei und Musik widmet, von 1940 bis 1945 ging er in die Emigration in die USA. Die Auseinandersetzung mit der Religion bestimmte Leben und Werk, er konvertierte zum Katholizismus. Das Religiöse wurde zeitlebens immer wichtiger für Green. Sein literarischer Ruhm begründet sich in erster Linie auf den Roman »Léviathan« (1929), der, wie sein gesamtes Werk, den »Passionsgedanken«, »die Verschränkung von Leiden und Leidenschaft« (Benjamin) in den Mittelpunkt stellt; Schmerz und Leid sind, auch in dieser »Provinztragödie« (Botond), bei Green allumfassende, totale Gewalten.

Julien Green: Tagebücher 1990–1996. München 1999, S. 236–237, 247. © Paul List Verlag.

Michael Guttenbrunner: geb. 1919 (Althofen). Aus ärmlichen Verhältnissen stammend, war er früh zur Selbständigkeit gezwungen. Er war auch früh politisch aktiv: Wegen illegaler Betätigung für die sozialdemokratische Partei wurde er im »Ständestaat« 1935 verhaftet. 1938 wurde er in Wien wegen regimefeindlichen Verhaltens von der (graphischen) Ausbildung ausgeschlossen, seine Einberufung 1940 hinderte ihn nicht an der Beibehaltung seiner regimekritischen Haltung. Nach dem Krieg blieb er ein »unbequemer Zeitgenosse«, war in verschiedenen Brotberufen tätig, von 1947 datiert seine erste literarische Veröffentlichung. Allerdings: »Rebell war er nur im Leben, nicht in der Form« (Strigl). Er schrieb keine »moderne« Literatur, von Anbeginn war Karl Kraus der Patron seines Schaffens. Er blieb mit Absicht ein Außenseiter des Literaturbetriebes, er war zu keinen Kompromissen bereit. Der Krieg, sein Möglichwerden sind eine thematische Konstante im Werk Guttenbrunners, das zu einem Gutteil von Lyrik bestimmt wird.

Michael Guttenbrunner: Im Machtgehege II. Aachen 1994, S. 14–16. © Rimbaud Verlag.

Fabjan Hafner: geb. 1966 (Klagenfurt). Aufgewachsen in Feistritz im Rosental/Bistrica v Rožu. Studium der Slawistik und Germanistik, Übersetzungen ins Slowenische und aus dem Slowenischen ins Deutsche (1990 Petrarca-Preis für Übersetzungen), verschiedene Herausgeberschaften, literaturwissenschaftliche Tätigkeit. Der Lyriker Hafner schreibt seit seinem Debüt (»Indigo«, 1988) in den beiden Sprachen seiner Südkärntner Heimat, »Gelichter + Lichtes« (1991) erschien auf deutsch, die Gedichte in »Freisprechanlage« (2001) wurden auch ins Italienische übersetzt.

Fabjan Hafner: Kuh. In: Freisprechanlage. Brezročno govorjenje. Vivavoce. Klagenfurt 2001, S. 20. Abdruck mit freundlicher Genehmigung des Autors.

Peter Handke: geb. 1942 (Griffen). Gymnasium in Tanzenberg, Maturaabschluß in Klagenfurt, Jurastudium in Graz, kurz vor dem Abschluß wurde das Romanmanuskript »Die Hornissen« vom Suhrkamp Verlag angenommen. Mit seinem spektakulären Auftritt bei einem Treffen der Gruppe 47 im Jahre 1966 und seinen unkonventionellen Theaterstücken wurde er kurzfristig zu einer Art Popstar des Literaturbetriebs. Sein bekanntestes und meistgelesenes Buch, »Wunschloses Unglück« (1972), ist zugleich auch jenes Buch, das am meisten seine Kärntner Herkunft thematisiert. Aber bei ihm ist Topographisches in einem umfassenderen Sinn zu sehen: »Ich bin ja ein Ortsschriftsteller ... Mein Ausgangspunkt ist ja nie eine Geschichte oder ein Ereignis, sondern immer ein Ort. Ich möchte den Ort nicht beschreiben, sondern erzählen.«

Peter Handke: Gedicht an die Dauer. Frankfurt 1986, S. 34–35. © Suhrkamp Verlag.

Bodo Hell: geb. 1943 (Salzburg). Musikstudium am Salzburger Mozarteum, Film- sowie Philosophiestudium in Wien. Lebt als freier Schriftsteller in Wien, den Sommer über arbeitet er als Senner in der Steiermark. Für Hell hat Sprache Materialcharakter, er beschäftigt sich mit den »vielfältigen Zwängen, die unsere verbalen Artikulations- und Kommunikationsformen auf uns ausüben. Doch darüber hinaus richtet sich sein Interesse auf alle Arten von Zeichen, die unsere zivilisatorische Existenz organisieren« (Mittermayer). Seine erste Buchveröffentlichung, »Dom. Mischabell. Hochjoch« (1977), war bereits ein ausgeklügeltes Verweben von Denken, Bewegung und Sprache. In »Stadtschrift« (1983) übertrug er seine Beobachtungs-, Denk- und Sprachflußmethode auf den städtischen Raum, die Erzählsammlung »666« (1987) ist eine Zusammenfassung des bis dahin Erprobten. Hell bleibt aber methodisch niemals stehen, jedes weitere Werk bringt eine spannende Weiterführung.

Bodo Hell: Vierbergelauf. In: Winfried Gindl (Hg.): Heimatkunde. St. Veiter Lesebuch 1989. St. Veit/Glan 1989, S. 71–73. Literaturverlag Droschl, Graz, Wien.

Alois Hotschnig: geb. 1959 (Berg/Drautal). Studium der Germanistik und Anglistik, lebt als freier Schriftsteller in Innsbruck. Seine Erzählung »Aus« (1989) wurde von der Kritik einhellig als beeindruckendes Debüt gefeiert – ein

Anfang vom Ende her: Der nahende Tod des Vaters wird für den Erzähler Anlaß für eine Abrechnung. Hotschnig, durch einige Jahre Medizinstudium »einschlägig« informiert, stellt immer wieder psychische und physische Defizite, Krankheit und Tod in den Mittelpunkt seiner Texte. Im (Liebes- und Kriminal-)Roman »Leonardos Hände« (1992) macht er einen Rettungsfahrer zu seinem Protagonisten, wieder ist die Nähe des Todes ein Movens der Geschichte.

Alois Hotschnig: Ludwigs Zimmer. Roman. Köln 2000, S. 8–10. © Verlag Kiepenheuer & Witsch

Gustav Januš: geb. 1939 (Zell Pfarre/Sele Fara). 1952–60 Gymnasium Tanzenberg, zwei Semester Studium der Theologie, 1961/62 an der Lehrerbildungsanstalt Ausbildung zum Volksschullehrer, Lehrtätigkeit an verschiedenen zweisprachigen Volks- und Hauptschulen. Januš lebt in St. Jakob im Rosental/Šentjakob v Rožu. Neben seinem dichterischen Werk arbeitet Januš seit den sechziger Jahren auch als bildender Künstler. Er war lange Jahre Mitarbeiter an der Zeitschrift »mladje«, von 1972 bis 1981 betreute er den Lyrikteil. Nachdem zwei Gedichtbände auf Slowenisch erschienen waren, machten die von Peter Handke herausgegebenen gesammelten Gedichte 1983 erstmals diese wichtige poetische Stimme einem deutschsprachigen Publikum zugänglich.

Gustav Januš: Unser Dorf. Aus dem Slowenischen von Fabjan Hafner. Abdruck mit freundlicher Genehmigung des Autors und des Übersetzers. © Mohorjeva Založba Verlag/Hermagoras Verlag, 1999.

Uwe Johnson: 1934 (Kammin/Kamien Pomorski) – 1984 (Sheerness). Studium der Germanistik in Rostock und Leipzig. Mit dem Erscheinen des Romans »Mutmaßungen über Jakob« 1959 zieht Johnson nach Westberlin um, nach verschiedenen Stipendienaufenthalten im Ausland (Rom, New York) zieht er 1974 nach England. Sein Opus magnum, die »Jahrestage«, schließt er 1983 nach oft unterbrochener, mühevoller Arbeit über 15 Jahre ab. Vor diesem Hintergrund können »kleinere Arbeiten« wie die »Reise nach Klagenfurt« oder die Poetikvorlesung »Begleitumstände« auch als willkommene Anlässe gesehen werden, die Schwierigkeiten und Schreibhemmungen der »Cresspahl-Saga« aufzulockern. Zu Beginn als »Autor der beiden Deutschland« gefeiert, zeigte sich schnell, daß Johnson in keinem Sinne zu vereinnehmen ist, für ihn stehen künstlerische Fragen im Vordergrund. Dieses In-Frage-Stellen zieht sich in seine Texte hinein und läßt den Leser Anteil haben an den Mutmaßungen. Johnsons Schreiben ist ein »immer neu unternommener Versuch, Erkenntnis- und Ausdrucksschwierigkeiten beispielhaft mitzuteilen« (Buck).

Uwe Johnson: Eine Reise nach Klagenfurt. Frankfurt 1974, S. 43–45. © Suhrkamp Verlag.

Gert F. Jonke: geb. 1946 (Klagenfurt). Nach dem Gymnasium musikalische Ausbildung am Kärntner Landeskonservatorium, ab 1966 verschiedenen Studien in Wien. 1969 erschien der »Geometrische Heimatroman«, Jonke blieb nun von der Kritik einige Zeit auf dieses Stück vermeintlicher »Anti-Heimatliteratur« festgelegt. Er lebte einige Jahre in Berlin, auch nach seiner Rückkehr nach Österreich wechselten die Wohnorte. In seinem Werk geht Jonke der Frage nach, was wahr, was wirklich ist, und er stützt sich dabei nicht allein auf die sinnliche Wahrnehmung. Literatur ist für ihn Schein. »Der Schein wird als Schein ausgestellt« (Lüdke). Immer wieder beschäftigt sich Jonke mit musikalischen Themen, etwa mit dem Leben von Komponisten (Händel, Webern). Dabei greifen Idee, Ausführung und Klang ineinander – in »Sanftwut oder Der Ohrenmaschinist« (1990) löst sich am Ende der Komponist (Beethoven) in seinem eigenen Werk auf.

Gert F. Jonke: Das System von Klagenfurt. In: Merian 11/23 (1970), S. 37–39. © Jung und Jung Verlag, Salzburg.

Marie-Thérèse Kerschbaumer: geb. 1936 (Garches b. Paris). Die ersten drei Lebensjahre verbrachte sie mit der Familie in Costa Rica, 1939 nahm sie die Mutter mit nach Tirol. Dort Schulbesuch und kaufmännische Lehre. 1957 Übersiedelung nach Wien, Matura, Studium der Romanistik und Germanistik; starke Beeinflussung durch die Linguistik, vor allem durch die Schriften Roman Jakobsons. Erste Veröffentlichungen ab 1964, rege Übersetzertätigkeit. Bekannt wurde die Autorin mit »Der weibliche Name des Widerstand« (1980), sieben Biographien von Wiener Frauen, die während der NS-Zeit ermordet wurden. Mit Recherchen und Lebensdokumenten nähert sich Kerschbaumer in diesen »Berichten« an die Geschichte der Frauen an. Mit den beiden Entwicklungsromanen »Die Fremde« (1992) und »Ausfahrt« (1994) schuf sie eine fiktive (Auto-)Biographie eines Mädchens in der österreichischen Nachkriegszeit. Mit ihren Gedichten, die ihr Werk von Anfang an begleiten, stellte sich Kerschbaumer immer außerhalb literarischer Strömungen, sie spielt in ihrer Lyrik mit verschiedenen Formen und Traditionen (z.B. Bibel, Volkslied, mittelalterliches Taglied).

Marie-Thérèse Kerschbaumer: Briefe einer Gefangenen an die Mit- und Nachwelt. In: Harald Irnberger (Hg.): Betroffen sein. Texte zu Kärnten im Herbst 1980. Klagenfurt 1980, S. 67–69. Abdruck mit freundlicher Genehmigung der Autorin.

Werner Kofler: geb. 1947 (Villach). Nach abgebrochener Lehrerausbildung, zahlreichen Reisen und verschiedenen Berufen lebt Kofler seit 1968 als freier Schriftsteller in Wien. »Guggile« (1975) ist Koflers erste größere Publikation, er behandelt darin seine eigene Lebensgeschichte als Sprachgeschichte. »Die in zahlreichen früheren Veröffentlichungen erprobten literarischen Verfahren: Montage, assoziative Schreibweise, Techniken moderner Lyrik und der Konkreten Poesie, Parodie, Paraphrase und Zitatkunst finden nach ›Guggile‹ ihre Fortsetzung und Weiterentwicklung in allen folgenden Arbeiten des Autors« (Käthner). Mit diesen Techniken gelingt es dem Autor, dem Un-Sinn der Verhältnisse auf die Spur zu kommen. Einen Höhepunkt seiner Prosakunst erreicht Kofler mit der Trilogie »Am Schreibtisch« (1988), »Hotel Mordschein« (1989) und »Der Hirt auf dem Felsen« (1991).

Werner Kofler: Guggile: vom Bravsein und vom Schweinigeln. Wien 1991, S. 14–16. © Deuticke.

Christine Lavant: 1915 (St. Stefan/Lavanttal) – 1973 (Wolfsberg). Lavant ist das neunte Kind der Bergarbeiterfamilie Thonhauser, bereits mit wenigen Wochen erkrankt sie an Skrofulose (Haut- und Lymphknotenerkrankung). Die Krankheit hinderte sie auch an einem durchgehenden Schulbesuch, sie verrichtete Heimarbeiten, begann nebenher zu schreiben, 1939 Heirat, während des Krieges literarische Studien, starke Auseinandersetzung mit Rilke. Sie legte sich auf Anraten ihres Verlegers das Pseudonym zu, ab 1948 erscheinen ihre Werke in Deutschland, ab 1954 auch in Österreich. Krankheiten und Zurückgezogenheit bestimmten ihr Leben, oft gelang es ihr aber dennoch, regen künstlerischen Austausch mit Kollegen zu pflegen. So verkehrte sie wie auch Thomas Bernhard am Thonhof der Familie Lampersberg, einem kulturellen Zentrum im Kärnten der fünfziger Jahre. Seit dem Gedichtband »Die Bettlerschale« (1956) zählte und zählt die Literatur Lavants zur einflußreichsten des Landes.

Christine Lavant: Das Kind. Erzählung. Salzburg, Wien 2002, S. 12–13. © Otto Müller Verlag, Salzburg.

Ulrich von Liechtenstein: um 1208–1275. Ulrich war ein wohlhabender steirischer Ministeriale und hatte die Rechtssprechung im Bezirk Judenburg inne. Neben der Stammburg in Judenburg errichtete Ulrich ober Unzmarkt um 1240 seine Frauenburg; der Name dürfte eine »galante Widmung an das von ihm so verehrte Geschlecht« (Deuer) sein. Durch die örtliche Nähe der Liechtensteiner Besitzungen zu Friesach konnte Ulrich seine Familie quasi als »Hausherren«, als Organisatoren des Friesacher Turniers darstellen. Ulrichs 1850 Strophen des »Frauendienst« sind reine Fiktion, eine Maskerade, nur der Tod des letzten Babenbergers, Friedrich II., 1246 ist belegbar. Franz Viktor Spechtler brachte 2000 eine erfrischende und wohlfeile Neuübersetzung des »Frauendienst« heraus und erschloß so diesen singulären, faszinierenden Roman der Gegenwart.

Karl Lachmann (Hg.): Ulrich von Liechtenstein. Hildesheim, New York 1974, S. 95–96.

Johannes Lindner: 1896 (Moosburg) – 1985 (Klagenfurt). Nachdem er wegen mangelndem »schulischen Erfolg« mehrere Gymnasien nicht abschließen konnte, machte er 1912 den Abschluß auf einer »Bürgerschule«. Lindner trat daraufhin in den Postdienst ein, Teilnahme am Ersten Weltkrieg. Sein einziger Gedichtband erschien 1920 (»Gott, Erde, Mensch«), 1923 krankheitsbedingt (Neurasthenie) Frühpensionierung. 1945 kurzfristig Leiter der Kulturabteilung der Kärntner Landesregierung, dann bis 1961 im Bundesdenkmalamt tätig. Verschiedene editorische und redaktionelle Tätigkeiten, Selbststudien, intensive Lektüren (u. a. griechische Mythen, expressionistische Lyrik). Zu seiner Bekanntheit im Kärnten der Zwischenkriegszeit trugen vor allem jene Gedichte bei, die Heimatverbundenheit und Treue zum Deutschtum propagierten, seine

»moderne« Seite wurde lange übersehen. »Lindners Dichtung war zum Teil Blut- und Boden-Dichtung« (Göderle). Lindner war aber niemals ein Parteigänger, er ließ sich für keine politische Ideologie einspannen.

Johannes Lindner: Auf dem Magdalensberg. In: Kurt Adel (Hg.): Das dichterische Werk. Wien 1990, S. 151. Abdruck mit freundlicher Genehmigung von Heribert Lindner.

Florjan Lipuš: geb. 1937 (Lobnig/Lobnik bei Eisenkappel/Železna Kapla). Gymnasium in Tanzenberg, in dieser Zeit erste Publikations- und Redaktionstätigkeit. Abbruch des Theologiestudiums nach vier Jahren, in der Folge verschiedene Berufe, 1966 Abschluß der Lehrerbildungsanstalt, Lehrtätigkeit an zweisprachigen Volksschulen. Er war 1960 Mitbegründer der einflußreichen Zeitschrift »mladje«. Lipuš schreibt in erster Linie Prosa und Essays und übersetzt vom Deutschen ins Slowenische. Seine erste Publikation, die Kurzprosa »črtice mimogrede«(»Skizzen im Vorübergehen«), erschien 1964. »Der Zögling Tjaž«, 1972 erstmals auf Slowenisch (»Zmote dijaka Tjaža«) erschienen, gilt nach wie vor als Hauptwerk Lipuš': »Als Symbol des ästhetischen Widerstands und zugleich der literarischen Modernität innerhalb einer bis dahin künstlerisch und inhaltlich stagnierenden Regionalliteratur wird der Roman zu einem schier unüberbietbaren Monument« (Amann/Strutz). Über all dem darf nicht vergessen werden, daß Lipuš etwa mit »Die Beseitigung meines Dorfes« (dt. 1997; »Odstranitev moje vasi«, 1983) oder »Die Verweigerung der Wehmut« (dt. 1989; »Jalov pelin«, 1985) weitere bedeutende Prosakunstwerke schuf.

Florjan Lipuš: Der Zögling Tjaž. Salzburg und Wien 1981, S. 33–37. © Residenz Verlag.

Gustav Mahler: 1860 (Kalischt/Böhmen) – 1911 (Wien). Jugend in Iglau/Mähren, 1875–78 Studium am Wiener Konservatorium, ab 1880 Opern- und Konzertdirigate sowie Kapellmeisterstellen an verschiedenen Orten, ab 1891 Musikdirektor des Hamburger Stadttheaters, ab 1897 Direktor der Wiener Hofoper. Gemeinsam mit Alfred Roller und Bruno Walter reformierte er in Wien die Aufführungspraxis. Diese Anstrengungen, verknüpft mit der aufwendigen Direktionstätigkeit sowie dem eigenen Komponieren, zehrten an seinen Kräften, die Ehe mit Alma Maria Schindler schuf nur teilweise Ausgleich. 1907 trat Mahler als Direktor zurück, der Tod einer seiner Töchter war ein weiterer, von ihm nicht mehr überwundener Rückschlag. Die von ihm selbst geleitete Uraufführung seiner 8. Symphonie 1910 in München wird gemeinhin als Höhepunkt seines Schaffens angesehen. Die weitere rege Reisetätigkeit setzte seinem Herzleiden allerdings weiter zu, ein Jahr später verstarb er in Wien.

Gustav Mahler: Briefe. Wien, Hamburg 1982, S. 263–264.

Janko Messner: geb. 1921 (Dob/Aich bei Bleiburg/Pliberk). »In Hitlers Schurkenstück unfreiwillig mitgewirkt als Mitglied eines Strafbataillons« (Messner), nach dem Krieg kurzfristige Internierung, Flucht nach Slowenien, dort Studium in Ljubljana, Schuldienst, Rückkehr nach Kärnten, schwieriger Neuanfang, Arbeitslosigkeit, schließlich Lehrtätigkeit am slowenischen Gymnasium in Klagenfurt, 1980 frühpensioniert. Messners literarische Veröffentlichungen setzen mit »Ansichtskarten von Kärnten« 1970 ein (bezeichnenderweise in Slowenien erschienen); mit seinem vom Erlebnis des Zweiten Weltkriegs geprägten Kampf für die Rechte der Slowenen in Kärnten schuf er sich auf offizieller Seite viele Gegner, ein gewichtiger Teil seines Œuvres steht im Zeichen dieses Engagements gegen Nationalismen und Entrechtungen. Bekannt wurde vor allem »Ein Kärntner Heimatbuch« (1980, 1986). Aber Messner ist nicht nur ein großer Polemiker und Satiriker, ihm sind etwa auch die Sphären der Liebeslyrik keineswegs fremd, er verfügt, so Janez Strutz, »nicht nur in der Prosa, sondern auch in der Lyrik über ein vielfältiges Register von Stilen und Ausdrucksmöglichkeiten«.

Janko Messner: Radsberg/Radiše. In: Gedichte/Pesmi/Canti. Klagenfurt 1996, S. 146–147. Abdruck mit freundlicher Genehmigung des Autors.

Robert Musil: 1880 (Klagenfurt) – 1942 (Genf). Ausbildung zum Ingenieur, dann Philosophie-, Psychologie und Mathematik-Studium, Beamter, ab 1922 freier Schriftsteller und Kritiker, starb nach der Emigration unbeachtet und mittellos in Genf. Robert Musil schuf mit seinem unvollendeten Opus magnum »Der Mann ohne Eigenschaften« einen der wichtigsten und wirkungsreichsten Romane des 20. Jahrhunderts, sein gesamtes Werk besticht durch Präzision in der Analyse und im Ausdruck, stets auf der Höhe der philosophischen und wissenschaftlichen Diskussion seiner Zeit.

Robert Musil: Brief an Oskar Maurus Fontana. In: Briefe 1901–1942. Hg. v. A. Frisé. Reinbek 1981, S. 384–385. Robert Musil: Tagebuch I. Reinbek 1983, S. 315. © Rowohlt Verlag GmbH.

Engelbert Obernosterer: geb. 1936 (St. Lorenzen/Lesachtal). Obernosterer wurde – worauf die Klappentexte seiner Bücher gerne hinweisen – als siebtes Kind eines Lesachtaler Bergbauern geboren, Schulausbildung am Priesterseminar Tanzenberg, Studium der Geschichte und Germanistik. Lehrtätigkeit an verschiedenen Volks- und Hauptschulen sowie Kunsterzieher am Gymnasium. Lebt in Hermagor. »Der Schriftsteller Engelbert Obernosterer ist mit sechs Jahren in die Schule eingetreten und mit 61 als Lehrer ausgetreten.« So faßt 2002 der Umschlagtext des ersten Bandes der geplanten Werkausgabe ironisch-lapidar den Lebensweg des Autors zusammen. Obernosterer war in seinem Brotberuf ein engagierter, unangepaßter Pädagoge, als Schriftsteller ging er ebenso unbeirrt seinen eigenen Weg fernab literarischer Moden, ohne dadurch unzeitgemäß zu sein. Er umkreist in seinen Texten als eine Art literarischer Flurwärter immer wieder das Rurale, das Leben auf dem Land, und bedient sich dabei durchaus avancierter künstlerischer Mittel, den »Verlandungen« (1993) etwa unterlegte er selbstgenerierte Piktogramme.

Engelbert Obernosterer: Der senkrechte Kilometer. Studien zum Landleben. Klagenfurt 1980, S. 7–8. Abdruck mit freundlicher Genehmigung des Autors.

Paracelsus (Theophrastus von Hohenheim): 1493 od. 1494 (Einsiedeln) – 1541 (Salzburg). Über die Umstände der Ausbildung ist nichts bekannt, einzig der Abschluß des Medizinstudiums, die Promotion in Ferrara 1515, kann eigenen Aussagen entnommen werden. Nach dem Studium Wanderleben durch ganz Europa, verschiedenste feldärztliche Tätigkeiten. Um 1524 kommt Paracelsus nach Salzburg, wo theologische Schriften entstehen. Wie in der Folge auch in anderen Städten (u.a. Straßburg, Basel, Wien) mußte der Arzt, Schriftsteller und Forscher die Stadt nach Streitigkeiten mit der Obrigkeit und dem Kollegium verlassen. Die Streitereien rührten von seinem starken Reformwillen, seiner für die Umwelt oft unverständlichen eigenwilligen medizinischen Auffassung her. Seine Schriften blieben über Jahrhunderte einflußreich, Goethe und C. G. Jung etwa befaßten sich mit seinem Werk, aber auch der Legendenbildungen waren Tür und Tor geöffnet (s. Richard Billingers »Salzburger Festspiel« »Paracelsus«).

Paracelsus: Chronica und Ursprung dieses Lands Kärnten. In: Ders.: Die Kärntner Schriften. Klagenfurt 1955, S. 23, 25.

Paolo Santonino: Santoninos Lebensdaten sind nicht überliefert, seine Familie stammt aus dem umbrischen Stroncone bei Narni. Er dürfte sein Berufsleben als Notar begonnen haben, 1468 taucht in Friaul erstmals sein Name auf, er war zu diesem Zeitpunkt bereits für das Generalvikariat Aquileia tätig. Sein Wohnort war Udine, er stieg bald zum »Kanzler« der Kurie auf. Er hatte eine große Nachkommenschaft (sechs Söhne und eine Tochter sind überliefert), sein Tod fällt in die Zeit zwischen 1507 und 1510.

Rudolf Egger: Santonino in Kärnten. Aus seinen Reisetagebüchern 1485–1486. Klagenfurt 1978, S. 14–16.

Joseph August Schultes: 1773 (Wien) – 1831 (Landshut). Verschiedene Studien an der philosophischen und medizinischen Fakultät der Wiener Universität; 1794 versuchte er in »Oesterreichs Flora« als erster Botaniker eine Systematik der heimischen Pflanzen. 1796 promovierte er zum Dr. med. und eröffnete eine Praxis, nebenbei lehrte er Botanik und Naturgeschichte. Nach zahlreichen Reisen ließ er sich aus politischen Gründen 1806 an die Universität Krakau versetzen, 1808 nach Innsbruck. Durch den Aufstand der Tiroler gegen die Bayern und Franzosen bedingt – er war Bewunderer Napoleons –, kam er über Umwege 1809 an die Universität Landshut. Er war ein bedeutender Botaniker, mit seinen im romantischen Duktus abgefaßten Reisebüchern beeinflußte er seine Zeitgenossen stark und war damit punktuell auch Anreger des Fremdenverkehrs. »Von kosmopolitischen Ideen und Freiheitsbestrebungen durchdrungen, war er mißtrauisch gegenüber klerikaler Bevormundung und staatlicher Autorität und machte sich durch teilweise berechtigte Kritik zahllose Feinde« (Martischnig).

Joseph August Schultes: Reise auf den Glockner. II. Theil. Wien 1804, S. 179–183.

Daniel Spitzer: 1835 (Wien) – 1893 (Meran). Studium der Rechtswissenschaft, 1860 Dr. jur. Neben seinem Brotberuf bei der Wiener Handelskammer begann er, satirische Beiträge für verschiedene Blätter zu schreiben, seine schriftstellerische, feuilletonistische Tätigkeit wurde schließlich zu seinem alleinigen Beruf; Mitarbeiter der »Fliegenden Blätter« (München), des »Kladderadatsch« (Berlin) und des »Figaro« (Wien), Redaktionsmitglied der Wiener »Neuen Freien Presse«. Dort erschienen ab 1873 seine bekannten »Wiener Spaziergänge«, die in Buchform sechs Bände umfassen.

Daniel Spitzer: Pörtschach (1883). In: Elke Krasny, Wolfgang Kos (Hg.): Schreibtisch mit Aussicht. Wien 1995, S. 173–174.

Peter Turrini: geb. 1944 (St. Margarethen/Kärnten). Aufgewachsen in Maria Saal. Bis 1971 in verschiedenen Berufen tätig, den Wendepunkt brachte die Uraufführung seines Stücks »Rozznjogd«, die ihn schlagartig bekannt machte. Seit 1971 lebt Turrini als freier Schriftsteller in Wien und Retz. Turrini ist seit seinen Anfängen dem Theater treu geblieben, seine Stücke werden, in Dutzende Sprachen übersetzt, mittlerweile weltweit gespielt. Von der längeren Prosa wandte er sich nach einem ersten Versuch (»Erlebnisse in der Mundhöhle«, Roman, 1972) ab. Neben seinen Essays, Reden, Filmdrehbüchern (u. a. »Alpensaga«, gemeinsam mit W. Pevny, 1974–79) und Hörspielen sind es vor allem seine »unmittelbaren« Gedichte mit hohem Einsatz des Ich und seiner Körperlichkeit, die ihn – über seine Theatererfolge hinaus – bei einem breiten Publikum bekannt gemacht haben.

Peter Turrini: Der gute Film hat mich ruiniert. In: Liebe Mörder! Von der Gegenwart, dem Theater und dem lieben Gott. München 1996, S. 126–127. Abdruck mit freundlicher Genehmigung des Autors.

Josef Winkler: geb. 1953 (Kamering b. Paternion). Winkler schloß seine Berufsausbildungen – Handelsschule, Abendhandelsakademie – nicht ab, weil er, wie er in »Muttersprache« (1982) schreibt, »vor lauter Lesen den kommerziellen Schulstoff nicht bewältigen kann«. Nach verschiedenen kurzzeitigen Berufstätigkeiten ist er, nachdem er 1979 mit dem Roman »Menschenkind« debütiert, seit 1982 freier Schriftsteller. Seit der Geburt seines Sohnes wurde er – nach häufig wechselnden Wohnorten – ein wenig seßhafter und lebt derzeit in Klagenfurt. Seine drei ersten Romane, 1984 zusammengefaßt in der Trilogie »Das wilde Kärnten«, wurden teilweise noch in der Tradition einer »Anti-Heimatliteratur« verstanden, aber Winkler geht nicht sozialkritisch vor, die dörflichen und familiären Strukturen sind nur noch Hintergrund für einen äußerst kunstvollen literarischen Prozeß. Seine Autobiographie ist stets deutlich erkennbar, wird aber nicht authentisch eingesetzt, sondern wie alle anderen »Realien« transzendiert – der Fluchtpunkt bleibt dabei immer der Tod. Dieser Grundsatz seines Schreibens bleibt auch bestehen, als er mit »Friedhof der bitteren Orangen« (1990) seine Kärntner Welt auf Italien oder in »Domra« (1996) auf Indien ausdehnt.

Josef Winkler: Der Leibeigene. Frankfurt 1987, S. 18–19. © Suhrkamp Verlag.

Guido Zernatto: 1903 (Treffen) – 1943 (New York). Schriftsteller und Politiker, früh erste Buchpublikationen (»Der verlorene Bub«, Erzählungen, 1927; »Gelobt sei alle Kreatur«, Gedichte, 1930), seine Texte kreisen oft um ländliche Schauplätze, ohne verklärend zu sein, ein 1934 erschienener Roman trägt den programmatischen Titel »Sinnlose Stadt«. Seit 1929 in verschiedenen Funktionen für die »Vaterländischen Front« tätig. Ab 1936 war er Staatssekretär im Kanzleramt, 1938 Minister ohne Portfolio. Zernatto leitete ab 1936 die Verhandlungen der »Ständestaat-«Regierung mit den Nationalsozialisten. Noch in der Nacht des Einmarschs der deutschen Truppen floh er über Preßburg nach Frankreich, 1940 in die USA. 1941 wurde er Assistenzprofessor für Politikwissenschaft an der Fordham University. Die »ungewöhnliche Verschränkung von Schriftsteller- und Politikerkarriere machte auch den *Dichter* Zernatto nach dem Zweiten Weltkrieg zu einer umstrittenen Figur« (Strigl) – als ein Großneffe Zernattos Kärntner Landeshauptmann wurde und man sich des Dichters vermehrt erinnerte, zeigte sich diese kontroverse Einschätzung erneut.

Guido Zernatto: Die Sonnenuhr. In: Gesammelte Gedichte. Salzburg 1961, S. 55. Abdruck mit freundlicher Genehmigung von Katharina Zernatto.

Adressen und Hinweise

Kärnten Information
Casinoplatz 1, A-9220 Velden, Tel. 0463/3000
www.kaernten.at

Magdalensberg
Archäologischer Park
Öffnungszeiten: Mai bis Mitte Oktober täglich 9.00–19.00 Uhr, A-9064 Pischeldorf, Magdalensberg
www.buk.ktn.gv.at/landesmuseum/magdalensberg.htm

Klagenfurt
Robert-Musil-Literaturmuseum
Ständige Ausstellungen im Geburtshaus des Dichters zu Robert Musil und Klagenfurt, zu Christine Lavant und Ingeborg Bachmann, Rekonstruktion des Arbeits- und Wohnzimmers von Christine Lavant.

Literatur-Museum der Landeshauptstadt Klagenfurt, Bahnhofstraße 50, A-9020 Klagenfurt, Tel. 0463/501429
www.musilmuseum.at

Robert-Musil-Institut für Literaturforschung
Im Haus des Robert-Musil-Literaturmuseums befindet sich auch das Robert-Musil-Institut für Literaturforschung/Kärntner Literaturarchiv, eine rege Forschungsstelle und Zentrum der Auseinandersetzung mit der Kärntner Gegenwartsliteratur sowie ein vielbesuchter Veranstaltungsort.

Öffnungszeiten der Bibliothek: Montag, Donnerstag 10.00–15.00 Uhr, Dienstag 13.00–16.00 Uhr, Tel. 0463-2700-2900

Maiernigg/Wörthersee
Gustav Mahlers Komponierhäuschen
Der Weg hinter dem Strandbad Maiernigg ist bestens beschildert; Fußweg ca. 15 min.

Öffnungszeiten: täglich 10.00–16.00 Uhr (1. Mai bis 31. Oktober); nähere Informationen beim Magistrat der Stadt Klagenfurt, Kulturabteilung, Tel. 0463-537-5587

Griffen
Peter-Handke-Museum
Ein Raum im Stift Griffen ist dem Schriftsteller Peter Handke und seiner Griffener Heimat gewidmet (Schlüssel im Gasthaus). Die Kulturinitiative Stift Griffen hat sich zur Aufgabe gemacht, die Renovierung des Stiftes voranzutreiben

und den Gedenkraum für Peter Handke zu erhalten, zudem veranstaltet der Verein alljährlich Aufführungen von Handke-Stücken im Stift.

Pfarre Stift Griffen, A-9112 Griffen, Tel. 04233/2345; Kulturinitiative Stift Griffen, c/o Erwachsenenbildung, Karfreitstraße 8/2, A-9020 Klagenfurt, Tel. 0463/513546-26

Hüttenberg

Schaubergwerk Knappenberg, Bergbaumuseum

Öffnungszeiten: täglich 10.00–17.00 Uhr (1. April–31. Oktober), Juli und August bis 18.00 Uhr, Tel. 04263-8108
www.huettenberg.at

Peršmannhof

Koprein/Petzen, A-9135 Bad Eisenkappel/Železna Kapla
Öffnungszeiten: Freitag, Samstag, Sonntag u. Feiertag 10.00–18.00 Uhr (1. Mai bis 31. Oktober), Tel. 04238-25060

St. Stefan/Lavanttal

Christine-Lavant-Dokumentation

Zum 20. Todestag der Dichterin richtete man in der Hauptschule St. Stefan eine Christine-Lavant-Dokumentation ein; die kleine Ausstellung befindet sich in jenem Gebäude, in dem die Lavant von 1921 bis 1929 die Volksschule besuchte.

Hauptschule, A-9431 St. Stefan im Lavanttal, Öffnungszeiten: 8.00 bis 16.00 Uhr (an Schultagen). Auskunft, Führungen: Wolfram Egger, Tel. 04352-3990

Christine-Lavant-Gesellschaft

Die im Geburts- und Wohnort der Dichterin ansässige Gesellschaft stiftet gemeinsam mit anderen Finanziers alle zwei Jahre den Christine-Lavant-Lyrikpreis.

Christine-Lavant-Gesellschaft, Postfach 1, A-9431 St. Stefan im Lavanttal
www.christinelavant.at

1 2 3 4 06 05 04

Fotografien: © by Jo Pesendorfer
Karte: © Schubert & Franzke, St. Pölten
Umschlaggestaltung: Christina Hucke
Lektorat: Oliver Thomas Domzalski
Redaktion: Carsten Keller
Satz: Fuldaer Verlagsagentur, Fulda
Druck und Bindung: Clausen + Bosse, Leck
ISBN: 3-8218-0926-4

Verlagsverzeichnis schickt gern:
Eichborn Verlag, Kaiserstr. 66, D-60329 Frankfurt
www.eichborn.de